한국의 통합체육정책에 따른 지방체육정책의 변동요인

신재득·박영호·신홍범 공저

박영사

이 저서는 2020년 신재득의 박사학위 논문을 바탕으로 수정, 보완되어 출판되었음.

차 례

CHAPTER 1 서론

1. 연구의 필요성 …… 3
2. 연구의 목적 …… 7
3. 연구문제 …… 7
4. 연구의 제한점 …… 8
5. 용어의 정리 …… 8
   1) 통합체육정책 …… 8
   2) 정책변동 …… 9
   3) 생활체육과 엘리트체육 …… 9

CHAPTER 2 이론적 배경

1. 정책변동과 다중흐름모형 …… 13
   1) Kingdon의 다중흐름모형 …… 14
   2) Kingdon 모형의 적용 …… 19
2. 한국의 체육조직 …… 29
   1) 대한체육회 …… 31
   2) 국민생활체육회 …… 34
3. 선진국의 체육조직 …… 40
   1) 미국 …… 40

2) 독일 …… 43
3) 프랑스 …… 45
4) 일본 …… 46
5) 호주 …… 48
6) 영국 …… 50
4. 체육조직 통합의 배경 …… 52
1) 체육단체의 통합 …… 52
2) 민선체육단체의 시대 …… 61

CHAPTER 3 연구방법

1. 연구 디자인 …… 70
2. 연구 참여자 …… 72
3. 자료 수집 …… 74
1) 문헌조사 …… 74
2) 표적집단면접 …… 75
3) 설문조사 …… 77
4. 자료 분석 …… 78
5. 연구의 신뢰성 …… 81

CHAPTER 4 다중흐름모형에 의한 통합체육의 변동

1. 정책문제의 흐름 …… 88
2. 정치의 흐름 …… 96
3. 정책대안의 흐름 …… 101
4. 정책의 창과 정책주도자 …… 109
1) 정책의 창: 통합, 민선, 자립화 …… 109

2) 정책의 주도자: 정부, 지자체, 민선체육단체 ······ 116

CHAPTER 5 체육정책 변동의 인식 및 효과 검증

1. 체육단체통합 정책변동의 인식조사 결과 ······ 136
2. 지방체육단체 정책변동의 효과 ······ 161

CHAPTER 6 결론 및 제언

1. 결론 ······ 169
2. 제언 ······ 174

참고문헌 / 176
부록: 지방체육정책관련 인식 설문조사
Ⅰ. 체육단체통합과 체육정책 / 190
Ⅱ. 체육단체통합의 효과 / 195
영문초록
Variation Factors in Local Sport Policy in Accordance with the Integrated Sport Policy in Korea / 199
국문초록
한국의 통합체육정책에 따른 지방체육정책의 변동요인 / 202

표 차례

[표 1] Kingdon의 다중흐름모형 분석요소의 구성 ······ 29
[표 2] 선진국의 엘리트체육과 생활체육의 조직 형태 ······ 51
[표 3] 표적집단면접 연구참여자 배경정보 및 전문분야 ······ 73
[표 4] 조사대상자의 일반적 특성 ······ 73
[표 5] 측정도구의 구성 ······ 77
[표 6] 정책문제의 흐름: 정부주도 체육단체 통합과 민선 체육단체 ······ 90
[표 7] 정책주도자와 정책행위자 ······ 118
[표 8] 인구통계학적 변수의 변경결과 ······ 131
[표 9] 통합체육 정책에 관한 인식조사의 주요 내용 ······ 133
[표 10] 체육정책의 효과성에 대한 질문 내용 ······ 134
[표 11] 통합체육 변인의 요인분석 및 신뢰도 분석 ······ 135
[표 12] 중앙정부와 지방자치단체의 체육정책 인식 차이(N(%)) ·· 137
[표 13] 지방의 체육정책에 대한 인식 차이 ······ 139
[표 14] 생활체육과 엘리트체육의 통합에 대한 인식 차이(N(%)) ······ 140
[표 15] 통합체육 정책에 대한 기대인식 차이(N(%)) ······ 142
[표 16] 통합체육 정책으로 인한 경제적 효과 인식 차이(N(%)) ·· 144
[표 17] 통합체육의 기능과 역할에 대한 인식 차이(N(%)) ······ 146
[표 18] 통합체육회의 유형에 대한 인식 차이(N(%)) ······ 148

[표 19] 통합체육회로 인한 행정업무의 효율성에 대한
인식 차이(N(%)) ······ 150
[표 20] 국민체육진흥법 개정의 정치적 분리에 대한
인식 차이(N(%)) ······ 152
[표 21] 엘리트체육 정책에 대한 인식 차이(N(%)) ······ 154
[표 22] 중앙정부와 지방체육단체의 소통에 대한
인식 차이(N(%)) ······ 156
[표 23] 지방체육단체의 재정자립화에 대한 인식 차이(N(%)) ··· 158
[표 24] 체육정책 실현을 위한 조직의 형태에 대한
인식 차이(N(%)) ······ 160
[표 25] 성별에 따른 지방체육단체 정책변동의 효과 검정 ······ 162
[표 26] 연령에 따른 지방체육단체 정책변동의 효과 검정 ······ 163
[표 27] 관여도에 따른 지방체육단체 정책변동의 효과 검정 ····· 165

그림 차례

[그림 1] 대한체육회 조직기구표 ··· 34
[그림 2] 통합 전 국민생활체육회의 조직기구표 ··· 36
[그림 3] 체육단체통합 배경의 주요 내용 ··· 61
[그림 4] 국민체육진흥법 개정 법률 ··· 65
[그림 5] 연구 디자인 ··· 71
[그림 6] 표적집단면접 구성 및 참여자 배치 ··· 76
[그림 7] 체육정책에 대한 다중흐름모형 분석의 틀 ··· 80

CHAPTER 1
서 론

CHAPTER 1 서론

1 연구의 필요성

한국의 체육은 경제성장과 함께 비약적인 성장을 거듭해 왔으며 하계올림픽, 월드컵, 세계육상선수권대회, 유니버시아드대회, 그리고 최근 평창동계올림픽을 성공적으로 개최함으로써 국제 스포츠 이벤트의 중심 개최지로 성장하였다. 이는 소위 스포츠 선진국이라 일컬어지는 영국, 독일, 프랑스, 일본, 스웨덴, 덴마크, 핀란드 등과 견줄 수 있는 스포츠 선진국으로 진입하였음을 의미하며, 대한민국은 2018 평창동계올림픽 유치로 세계에서 다섯 번째, 아시아에서는 두 번째로 동, 하계올림픽을 모두 유치하는 그랜드 슬램을 달성한 것에 의의가 있다(윤강로, 2011). 이러한 성장에는 국가적 차원의 노력들이 존재했다. 구체적으로 1962년 공포된 '국민체육진흥법'과 '체육시설의 설치 및 이용에 관한 법률'을 기반으로 체육특기자 제도, 꿈나무 발굴 프로젝트, 국가대표 선수촌 운영 등의 정책은 지난 반세기 동안 스포츠 선진국 반열에 올라가는 밑거름이 되었다(유의동, 2005).

한국 스포츠가 괄목할 성장을 거듭하였다고 평가받는 것에는 앞서 언급한 국제이벤트 유치 및 엘리트선수들의 국제적 성과와 함께 생활체육 저변확대를 간과해서는 안 될 것이다. 한국은 1988년 서울 올림픽 개최를 계기로 국민복지를 위한 생활체육 정책이 확대 시행되었으며 그 결과 생활체육 참여인구가 비약적으로 늘어났다. 하지만 이러한 국가 주도형 체육정책은 엘리트체육과 생활체육의 불균형으로 이어졌고, 체육을 통한 공공의 삶의 질 향상보다 엘리트선수 중심의 성과를 우선시하는 정책으로 기울어졌다(김성호, 강현민, 박진경, 2012; 김승곤, 2009).

이러한 가운데 정부에서는 2005년부터 '선진국형 체육시스템' 도입을 통해 이원화되어 있는 조직구조인 엘리트체육과 생활체육의 균형발전을 도모하고자 법제를 개편하여, 체육의 구조적 문제를 해결하고자 하는 사회적 분위기가 형성되었다(성문정, 김미숙, 김화룡, 최혜선, 2017). 구체적으로, '선진국형 체육시스템'은 엘리트체육의 육성과 발전을 위한 기반으로 생활체육 저변을 확대하고, 그것을 통해 엘리트선수들이 육성되는 체계를 갖추는 것을 의미한다. 김응삼(2009)은 한국체육의 지속가능한 성장을 위해서는 선진국형 체육시스템을 도입하여 선순환의 체계를 갖추어야 한다고 강조하였다.

이러한 변화를 위해 가장 먼저 시도한 정책적 변화는 대한체육회와 국민생활체육회 간의 '통합'이었다. 대한체육회와 국민생활체육회는 통합을 통해 선순환적 체계를 확립하는 것에는 공감하였으나 그 방법에 있어서는 상호 간 의견 차이가 존재했다(이용식, 2008). 이는 주로 대한올림픽위원회의 존속과 관련된 것으로 대한체육회와 대한올림픽위원회의 통합과 분리에 관한 어려움이 문제로 대두되었다. 두 조직은 상호 통합과 분리를 반복해 왔고 통합체육정책을 실현하는 데 있어 대한올림픽위원회의 분리를 주장한 국민생활체육회의 반발도 있었다. 이와 함께 대한체육회와 국민생활체육회를 통합하여 각각 전문체육 부회장과 생활체육 부회장 제도를 신설하자는 방안이나, 두 단체 모두 해산하고 제3의 단체를 통한 통합 등의 다양한 정책적 제안이 있었으나 모두 두 단체의 입장 차이만 확인하고 입법화되지 않았다(강신욱, 2006).

그렇다면 과연 체육조직의 통합에 있어 근본적인 문제는 무엇인가? 대한체육회(2012)는 두 단체의 기능과 이벤트 등의 중복성, 정부 예산에 대한 의존성 등을 지적하였다. 예를 들어, 엘리트체육 꿈나무선수 육성 프로그램과 방과 후 학교체육 프로그램은 사업의 목적, 그리고 사업운영을 위한 시설과 용품 구입 및 인건비 지원에 있어 유사하고 비효율적이라는 지적이 있어 왔다. 이는 유사한 체육프로그램이지만 사업의 목적과 대상자가 다르다는 명목으로 분리 운영되어 왔으며 두 조직의 통합을 저해하는 원인이자 실질적인 사례로 볼 수 있다. 즉, 서로가 독립된 조직으로 연계사업을 통한 효율성 증진보다는 각 사업의 고유성만 강조하여 사업의 중복 및 유사단체들의 무분별한 확산이라는 부정적 결과를 초래하였다(한국조직학회, 2008).

체육조직의 통합을 더욱 부추긴 사건은 조직운영의 투명성 및 윤리성과 관련된 것이다. 대한체육회 산하 경기단체들의 회계질서 문란과 예산집행의 부적절성 등이 감사에서 드러나고, 낮은 재정자립도로 인해 공적자금에 대한 의존성 및 불투명한 집행으로 발생한 문제점들이 상당수 노출되었다(김성호 등, 2012; 이창섭, 남상우, 2013). 또 일부 종목 또는 경기단체는 회장선거가 있을 때마다 각종 민원에 휘말리는 등 잘못된 관행을 반복해 오며 여론과 국민의 지탄을 받아 왔다(권기범, 2009.09.02.).

이와 같이 체육계에 나타난 문제점들에 대해 다양한 분야에서 비교적 깊이 있는 연구가 진행되어 왔다. 한국 스포츠의 구조와 체계에 대한 성찰과 발전 방향(강신욱, 2005, 2006; 임번장 등, 1999; 정동구, 하웅용, 2001), 체육조직의 행정 시스템과 운영 방향(김민, 2016; 박주한, 2015; 오연풍, 2009; 이용식, 2007, 2008; 이창섭, 2003, 2005; 정영린, 2003; 한국행정연구원, 2003), 한국 체육조직 선진화 및 정부의 체육정책 방향(강준호, 2009; 김성호 등, 2012; 김승곤, 2009; 박영옥, 1999; 신승호, 2011; 이수연, 2012) 등의 연구들이 있다. 이러한 연구들은 과거부터 답습된 체육계의 현 상황에 대한 비판적 분석을 통해 한국 체육조직의 구조 개편과 발전을 위한 다양한 이론과 모형을 제시하였다. 하지만 여전히 체육단체의 단편적인 조직구조와 문제점에 관한 연구는 미비한 실정이며, 통합에 따른 정책의 흐름과 변화를 면밀하게 다루지 못하고 있다. 따라서 통합체육정책의 정책적 변동이 어떻게 이루어졌으며 그 과정에서 나타난 문제점들과 올바른 정책의 수립에 필요한 요건을 체계적으로 고찰할 필요성이 제기되어 왔다.

이에 본 연구는 체육단체 통합에 따른 정책수립과 변동 과정에서 비롯된 사건과 요인들을 면밀하게 살펴보고자 한다. 구체적으로 체육조직이 큰 변화를 겪은 2016년을 기점으로 어떠한 정책의 변동이 있었는지 다각적으로 파악해 보고자 하며, 이를 위해 Kingdon(1984)이 제시한 다중흐름모형(multiple streams model)을 이론적 틀(theoretical framework)로 활용하였다. Kingdon의 다중흐름모형은 의사결정모형인 '쓰레기통 모형'을 의제 형성과정에 적용할 수 있도록 변형시킨 것이다. 이는 초기에 정책의제로 설정하기 위한 모형으로 제시된 것이었으나 최근 정책변동을 설명하는데 다양하게 활용되고 있으며 정책의 형성, 집행, 평가에도 적용되고 있다(김선희,

2007; 심재권, 1998; 이순남, 2006; 정임천, 2003; 조승연, 2008).

따라서 2000년 이후 나타난 한국 체육정책의 변동요인에 관한 사실을 질적연구를 통해 살펴보고, 양적연구를 통해 지방자체단체의 정책변동에 대한 반응을 조사하였다. 이는 체육정책에 관한 문헌연구와 다른 연구자들의 결과를 바탕으로 이론적 탐색에 그치는 연구가 아닌, 연구결과의 실증적인 분석을 통해 정책변동에 의한 효과를 입증하려는 논리적 접근을 시도한 것으로도 시사점이 있다.

2 연구의 목적

본 연구의 목적은 Kingdon의 다중흐름모형 분석을 통해 통합체육정책을 실시한 2016년 전후의 정책변동과정을 체계적으로 살펴보고, 지방체육정책에 미치는 실증적인 효과를 분석하여 정책수립에 따른 합리적 방안을 제시하는 데 있다.

3 연구문제

연구문제 1: Kingdon의 다중흐름모형 관점에서 바라본 체육조직의 통합과정에서 나타난 정책변동 요인은 무엇인가?

연구문제 2: 2000년 이후 체육조직 정책변동 요인은 무엇이며 우선순위와 중요도는 어떻게 결정되었는가?

연구문제 3: 체육정책 변동에 따른 지역사회 체육정책에 어떠한 영향을 미치고 있는가?

4 연구의 제한점

본 연구의 목적을 달성하기 위한 연구과정에 있어 다음과 같은 제한점이 있을 수 있다. 본 연구는 전문체육과 생활체육의 범위에서 통합에 대한 인식과 운영방안을 도출한 것이기에 연구결과를 다른 특성을 지닌 조직의 통합으로 확대하여 적용시키기에 무리가 있을 수 있다. 또한 체육조직의 운영과 관련된 전문가 집단의 구성에 따른 특성과 개인적 환경 및 성격에 따라 일반화의 문제가 발생할 수 있다. 마지막으로 정책변동의 요소에 참고할 자료인 정부간행 보고서, 언론자료, 연구물 등을 해석하는 과정에서 연구자의 주관적인 견해가 개입될 수 있다.

5 용어의 정리

본 연구에서 사용되고 있는 주요 용어들에 대한 조작적 정의를 통해 연구의 이해와 의미전달의 범위를 확고히 하고자 한다.

1) 통합체육정책

2015년 3월 3일 체육단체의 통합을 위한 국민체육진흥법 개정안이 국회를 통과함(공포 2015년 3월 27일)에 따라 2016년부터 임기를 시작하는 단체장과 임원은 통합된 형태로 조직을 구성하였다. 이에 본 연구에서는 '체육단체 통합법' 등으로 불리고 있는 용어에서 행정 또는 법률적으로 시행된 모든 정책을 '통합체육정책'으로 정의하였다.

2) 정책변동

체육단체의 통합에 있어서 정치 및 이해관계자 집단 또는 의사결정자를 위한 과정에서 수립된 정책이 정책집행의 과정 중이나 집행이 완료되어 이에 대한 평가가 이루어진 후, 최초 정책수립의 목표, 의도와 방법(수단) 등에 변화가 생기거나 종결되는 것을 '정책변동'이라고 하였다.

3) 생활체육과 엘리트체육

본 연구에서는 과거 대한체육회가 담당하는 영역의 업무를 '엘리트체육'으로 국민생활체육회가 담당하는 영역의 업무를 '생활체육'으로 구분하였다. 1993년 12월 31일 개정된 국민체육진흥법에서 대한체육회에 가맹된 경기단체에 선수로 등록하여 운동경기활동에 참여하는 것을 '전문체육'이라고 명시하여 사용하고 있으나, 1989년 '서울올림픽기념국민체육진흥공단'의 설립과 함께 사용한 '엘리트체육'이라는 용어가 사회 통념적으로 많이 사용하는 용어이므로 연구자는 '전문체육'이라는 용어보다 '엘리트체육'이라는 용어를 사용하였다.

CHAPTER 2
이론적 배경

CHAPTER 2 이론적 배경

1 정책변동과 다중흐름모형

체육정책의 변동은 단일 부처에 의해 결정되어지는 것이 아니라 여러 부처들의 정책적 요소들로 이루어진다. 문화체육관광부를 중심으로 이루어진 체육정책의 변화는 여러 가지 모형에 의해 설명될 수 있는데 본 연구에서는 Kingdon의 모형을 사용하여 정책변동의 요소를 설명하고자 한다. 다중흐름모형은 집단에 의해 결정이 이루어진 모형으로 설명되고 있다. 이 모형은 정책을 결정하는 데 있어 비합리적인 측면을 개선하기 위한 것으로 정책변동을 설명하는 대표적인 방법 중에 하나이다. 본 연구에서는 체육정책을 평가하는 분석의 틀로 사용할 것이다. 따라서 Kingdon 모형의 특성과 유용성 및 한계를 살펴보고 분석의 틀로 사용할 수 있는 보완점들을 제시하여 이 연구에 적용할 것이다.

1) Kingdon의 다중흐름모형

다중흐름모형은 고전적인 의사결정의 모형인 '합리모형'이나 '점증모형'과는 다르게 의사결정의 상황을 '조직화된 무정부'로 가정한다. 이는 조직의 제한된 합리성 속에서 시간의 흐름에 늦지 않게 결정을 내려야 하는 것과 책임성이 간과되는 상황 등을 고려하는 것을 포함한다(이득순, 김문성, 2017). 이런 가정하에 결정과정의 문제, 해결방안, 참여자, 선택기회라는 각각의 네 가지 흐름에 대한 혼합에 의하여 의사가 결정된다고 보는 것이다(김태호, 2015). Kingdon (1984)은 관찰을 통해 나타난 정책의 결정 상황들을 순차적으로 나열하는 것은 현실을 잘 반영하지 못한다고 보았다. 정책결정의 의제를 설정하고 해결하는 과정에서 합리성과 현실성을 갖추는 것은 모든 정책결정의 순리이다. 따라서 Kingdon 모형은 정책결정의 의제형성과 대안의 구체화 과정을 설명하기 위해 정책결정의 모호성(ambiguity)[1]을 기본적 속성으로 가정하는 '쓰레기통 모형'을 보완하여 정책결정 모형으로 활용하였다(이득순, 김문성, 2017). 다중흐름모형은 합리적이지 못하고 비현실적인 의제 선택과 버려지는 의제들에 대한 의문을 가지고 이를 밝히고 개선하고자 개발되었다(Kingdon, 1984). Kingdon의 다중흐름모형은 정책의 문제, 정치 및 대안의 흐름에 대한 규칙을 설명하고 있다. 이 세 가지 흐름은 일반적으로 각각의 고유한 규칙과 역동성을 지니면서 독립적으로 작동한다.

---

1) 모호성은 정부기관 관료와 국회의원과 같은 입법자 등의 참여자들이 수시로 교체되는 '유동적인 참여(fluid participation)'와 원하는 것이 무엇인지 제대로 알지 못한 채, 의사결정을 강요받는 '문제성 있는 선호(problematic preference)'와 정책의 목표달성을 위해 무엇을 수단으로 선택할지 알 수 없는 상태를 뜻한다(이득순, 김문성, 2017).

김태호(2015)는 정책주도자(policy entrepreneur)[2)]가 앞서 언급한 세 가지 흐름을 결합할 수 있는 '기회의 창'을 만나게 되고, 그때 정책 결정이 일어나는데 성공적인 결합이 될지 아닐지는 이후에 판단하게 된다고 하였다. Kingdon의 다중흐름모형을 구성하는 각 요소별 내용들을 자세히 살펴보면 다음과 같다.

첫째, '정책문제의 흐름'은 사회문제가 정부의 관심 대상이 되어 가는 과정을 설명해 주는 개념에 해당한다. 즉, 정책으로 선택되는 것이 정부에 있는 결정권자들에게 관심을 받는 상황이 되는 것을 의미한다(Kingdon, 1995). 따라서 사회문제가 정책 결정의 의제로 선정되는 것에는 정책결정자 또는 정부 관리들이 상황을 인식하는 상태와 방법에 의존한다고 본다. 정책결정자 또는 정부 관리들이 상황을 인식하게 되는 데는 주요 지표의 변화, 사건 및 위기, 환류 등이 큰 영향을 미친다(최성락, 박민정, 2010). 다시 말해서 '주요 지표'는 경제나 환경 등의 문제를 계량화한 수치 등을 나타내고, '사건'은 재난, 사고, 집단시위, 청원 등을 의미하며, '위기'는 정책결정자의 정책과 관련된 심리상태를 표현하고, '환류'는 정책의 집행에 따른 의견수렴을 뜻한다(박한흠, 2018).

둘째, '정치의 흐름'은 정치의 변화로 정책 참여자를 변경시킴으로써 간접적으로 정책의제에 영향을 미치는 범주에 속한다. 최성락, 박민정(2010)은 정치는 국민 여론의 변화, 이익 집단의 압력 활동, 행정부의 교체, 의회 내 이념의 변동, 정당 의석의 변화 등을 통해 흐름이 바뀔 수 있다고 한다. 정치의 흐름에 가장 큰 영향을 미치는 요인 중에 하나는 '국가적 분위기'이다. 국가적 분위기는 많은 사람

---

2) 정책주도자는 다양하게 해석되고 있지만, 본 연구에서는 '정책과정의 전반에 걸쳐 주도적으로 정책을 이끌어 가는 사람'이라는 뜻으로 사용한다.

들이 공통의 문제의식을 갖게 되어 여론이 형성되는 상황을 의미하는데, 선출직 정치인들은 대체로 여러 방식에 의한 유권자와의 의사소통을 통해 국가적 분위기의 변화를 감지하는 반면, 관료들은 정치인 또는 여론조사 등을 통해 국가적 분위기의 변화를 감지한다(이순남, 2006). 때로는 이익 집단이 정책문제와 대안에 대한 지지 또는 반대 캠페인을 통해 정책의 제설정에 영향을 미치기도 하며, 집권여당이 바뀌거나 의회 의석분포의 변화로 다수당이 바뀌게 되어도 정책문제와 대안의 필요성에 대한 지지 또는 반대의 강력한 흐름이 나타나기도 한다(장현주, 2017). 무엇보다도 국가적 분위기와 행정부의 교체 또는 선거에 의한 의회 내 다수당의 변화가 서로 결합될 경우 정책의제로 설정되고 이는 정책으로 결정되는 데 가장 큰 영향을 미치게 된다.

셋째, '정책대안의 흐름'은 정책과정에 참여하는 전문가 집단이 정책공동체의 내부적 합의에 따라 대안을 선택, 개발하는 과정이다(최성구, 2013). 정치적 공동체 내에서는 많은 의제들이 제시되어 있고 소수의 의제만이 선택되어 고려의 대상이 되었는데, 이때 선택기준은 '기술적 실현 가능성'과 '가치 수용성'이다(Kingdon, 1995). 기술적 실현 가능성은 대안이 정책으로 채택될 경우 충실히 집행될 가능성을 의미하며(정경환, 원영신, 조성원, 2016), 가치 수용성은 대안이 지향하는 가치가 여론 또는 사회의 가치와 부합되는 정도를 의미한다. 이에 따라 정책의 결정자를 비롯해 정치적 공동체 구성원들에게 현실적으로 수용 가능한 정책의 대안이 고려되고 채택될 수 있음을 기억해야 한다.

넷째, '정책의 창'은 어떤 정책 제안자들이 선호하는 해결책을 관철시키거나, 자신들이 가진 특정 문제에 주의가 집중되도록 만들 수 있는 기회를 의미한다(최성락, 박민정, 2010). 이러한 해결책이나 기회를 의도적으로 만드는 것은 쉽지 않은 일이며 기회가 생겼다고 하더라도 시간적으로 오래 머물러 있지 않는다. '정책의 창'이라는 것은 어떤 정책을 지지하는 사람들이 그들이 선호하는 해결책을 강요하거나 자신들의 특별한 문제에 관심을 기울이도록 압력을 행사하여 정책변화의 기회를 만들게 되었다(김태호, 2015). '정책의 창'은 짧은 시간 동안 열리며, 이때 그 결합의 논리와 결정의 유형이 정책결정에 영향을 미친다(Zahariadis, 2007). 물론 '정책의 창'이 사회적 문제와 정치적 갈등으로 인해 오랜 시간 동안 열려 있거나 해결되지 않은 상태로 닫히는 경우도 많다. 결합 논리는 결과적(consequential)인 경우와 원칙적(doctrinal)인 경우로 나뉜다. 문제의 심각성으로 인해 '정책의 창'이 열리게 되면 문제에 대한 해결책을 찾게 되는 대안의 성격은 결과적으로 진행되며, '정치의 흐름'에서 '정책의 창'이 열릴 경우, 문제가 명확히 정의되기 전에 그 해결책에 관심을 갖기 때문에 그 결합은 원칙적으로 진행된다(김인자, 박형준, 2011). 결정 유형은 정책의 결정자들이 의사결정에 필요한 정보를 얼마나 활용하였는지를 말한다. Zahariadis(2007)는 결정의 유형이 신중할수록 정보의 손실을 감소시키고, 최종 선택의 예측률을 높일 수 있다고 하였다.

다섯째, '정책주도자'는 특정한 정책의제의 관철을 위하여 자신의 시간, 돈, 노력, 명성 등 각종 자원을 기꺼이 투자하는 정책활동가이다(김일문, 2014). Kingdon 모형은 정책의제의 설정과 대안 개발 및 선택에 관여하는 참여자를 '정부 내 참여자'와 '정부 외 참여자'로 구분하고 있다. 정부 내 참여자는 행정부의 대통령을 포함하여 관료, 직업공무원, 국회의원 및 보좌진은 물론 의회 일에 종사하는 직원을 포함하며 가시적으로 보이는 사람들이다. 정부 외의 참여자는 공식적인 정부의 직책을 지니지 않는 이익 집단, 교섭 단체, 연구자, 학자, 언론, 정당, 기타 선거 관련 활동가 및 일반 대중을 의미하며, 비가시적일 수 있다(이순남, 2006). 이러한 참여자 중에서 '정책의 창'이 열릴 때, 정책의 목표와 해결책을 찾기 위해서 정책문제, 정치, 정책대안의 흐름을 결합시키는 정책주도자의 역할이 매우 중요하다.

지금까지 살펴본 Kingdon 모형은 정책이 형성되는 과정을 설명하는데 다양한 흐름들의 관계를 독립적으로 파악하여 그 특성들을 면밀하게 분석할 수 있다. 즉, 이 모형은 '정책문제의 흐름', '정책대안의 흐름', '정치의 흐름' 및 '정책의 창과 정책주도자'로 각 영역에서 생성되는 특징을 가지고 있으며, 어느 시점이 되었을 때 '정책의 창'이 열리고 정책 결정이 이루어지는 과정을 설명하는 데 매우 유용한 방법이다. 또한 Kingdon 모형은 정책의제로 제기되는 문제의 흐름, 그 문제들이 의제로 만들어지는 대안의 흐름, 정치적 공동체의 내연과 외연을 둘러싼 정치, 사회적 흐름이 맞물리는 상황을 다각도로 살펴볼 수 있다(정용일, 2012). 정원숙(2014)은 정책 문제의 개별 흐름들이 만나는 지점에 '정책의 창'이 열리고 그 창이 열리는 촉발 기제에 대한 설명을 통해 비록 암흑 상자로 가려진 정책 결정의 과정이지만, 그 과정에 참여한 정책주도자와 다양한 행위자의 특성을 일부 파악할 수 있다는 강점이 있다고 하였다.

이를 종합해보면 Kingdon의 다중흐름모형은 정책주도자의 역할을 중심으로 정책의제를 결정하는 방향에 영향력을 행사하는 주요 세력에 대해 분석할 수 있는 틀을 제공한다는 점에서 의미가 있다. 단순히 정책문제의 흐름 속에서 특정 개인의 이익이나 문제를 해결하려는 정책이 결정 또는 변경되는 것이 아니라, 어느 집단 또는 조직의 행위에 의한 정치적 과정에서 나타나는 불확실성과 비합리성을 설명할 수 있는 장점이 있다는 것이다. 따라서 정책문제에 관한 집단차원의 비합리적 정책결정 과정을 분석하는 데 유용하다. 또한 사회적 문제나 사건이 발생하여 대안을 탐색하고 선택하는 체계적이고 합리적인 절차가 아닌, 특정한 사건에 의해 급진적으로 정책결정이 이루어지는 비경험적이고 비합리적인 과정을 설명하는 데 있어서도 설득력이 있다. Kingdon 모형은 정책결정 과정에서 정책주도자의 역할로 인해서 정책결정의 기회를 갖기 때문에 정책주도자의 존재를 나타내는 것에 효과적이다.

체육조직의 통합이라는 정책은 한국 체육사에서 통합과 분리의 순환고리에 있으며, 1990년대 후반부터 성장한 '참여 스포츠'의 증가와 함께 2000년 이후로 사회문제로 제기된 일련의 사건과 몇몇 정책주도자의 의도에 의해 정책의제로 선택되는 것이 되풀이되었던 것 중의 하나이다. 조직은 유기적으로 통합과 분리를 반복하며, 지방체육정책에서 정부와 상위 기관의 정책결정 과정은 엄청난 파급을 지니고 있으며, 국민체육진흥법의 개정에 따른 '체육단체의 통합'과 '체육과 정치의 분리', '지방체육단체의 법정법인화'와 같은 정책의제들이 선택된 것은 그 시기에 정책주도자에 의해 추진되었던 사안이다. 이에 본 연구에서는 Kingdon 모형을 활용하여 체육정책의 변동 과정을 다중흐름모형을 적용하여 검토하였다.

2) Kingdon 모형의 적용

Kingdon의 모형은 2000년 이후 체육정책의 변동과정을 설명하는 데 있어서, 정책의제의 설정에서부터 전반적인 정책결정의 과정을 분석하는 데 매우 유용하다. 정책변동에 관한 많은 선행연구들이 정책변동의 요소를 분석하는 데 다중흐름모형을 사용하였다. 하지만 다중흐름모형은 세 가지 흐름과 정책주도자의 하위 요소들에 대한 다원적인 설명력이 다소 떨어진다고 보고되고 있다(이순남, 2006; 정용일, 2012). 따라서 본 연구에서는 Kingdon의 다중흐름모형을 기본적인 분석의 틀로 사용하면서 일부를 수정한 후 본 연구의 목적에 맞게 변형하여 사용하였다. 즉, 세 가지 흐름과 정책의 창 및 정책주도자의 하위 요소들에 대한 구체적인 요소들을 추가적으로 설정하여 체육정책에 대한 의제화, 결정의제화, 정책결정의 전 단계에 대한 흐름들을 규명하고 분석단위를 세부적으로 살펴보았다. 따라서 각 흐름과 정책주도자의 분석단위 및 요소를 활용하여 정책결정 과정에 어떻게 영향을 미치고 상호작용 되고 있는가를 다음과 같은 방법으로 제시하였다.

체육조직의 통합이라는 사회문제가 어떻게 정책의제화가 되었는지에 대한 '정책문제의 흐름'을 적용하였다. 김일문(2014)은 Kingdon 모형에서 정책문제가 정책의제로 선정되는 데는 정책결정자 또는 정부 관료들이 문제 상황에 대해 인식하는 상태, 그리고 문제가 정의되는 방법에 의존한다고 강조하였다. 체육조직의 통합이 정부의 관심 대상이 된 특정한 사회문제가 무엇인지 전방위적으로 살펴보아야 한다. 정책결정자 또는 정부 관료들이 상황을 인식하게 되는 것에는 체육계에서 일어난 '주요 지표의 변화'와 '위기' 또는 '사건의 발생', '환류' 등의 요소를 파악해야 한다. 이에 따라 본 연구에서도 '정책문제의 흐름'의 분석을 위해 '체계적 지표', '사건 및 위기', '환류'로 설정하였다.

체육조직의 통합과 관련된 첫 번째 분석요소는 '정책문제의 흐름'이다. 정책문제에서는 다음과 같은 내용들이 포함되어야 한다. 첫째, 정책문제로써 '체계적 지표'는 문제의 상태가 비교적 정량적으로 측정 가능한 상태인 경우이며, 지표를 얻는 방법은 모니터링을 통하거나, 특별한 경우 조사를 통해서 얻을 수 있다(김태호, 2015). 따라서 체육조직의 통합과 관련된 '체계적 지표', '사건 및 위기', '환류'라는 요소들이 작용할 때 정책결정자의 '정책문제 인식'에 영향을 미쳐, '정책문제가 정책의제화'로 실행될 수 있다는 것을 설명할 수 있다.

체육조직의 통합과정에서 살펴보아야 할 두 번째 분석요소는 '정치의 흐름'이다. 이는 정치적 변화로 정책행위자가 교체되어 정책의제화가 되는 과정을 설명한다. Kingdon 모형에서 '정치의 흐름'은 언론과 국민적 여론을 포함하는 '국가적 분위기'와 정치적 사건(선거 등)으로 정책결정자 및 정부 담당부처, 담당기관, 정당 등을 포함하는 정책행위자들이 교체되는 '정치적 변화', 정부와 정치권에 압력을 행사하는 '압력단체의 조직적인 힘'을 분석요소로 제시하였다. 본 연구에서도 Kingdon 모형을 기반으로 체육정책의 변동과 관련된 '국가적 분위기', '정치의 변화', '압력단체의 조직적인 힘' 등을 '정치의 흐름'의 분석요소로 적용하였다. 체육조직의 통합은 정치성과 비합리성이 수반되기 때문에 관련 행위자들의 정치적 이해관계를 검토해 볼 필요가 있다. 구체적으로 '정치적 이해'는 체육조직의 통합과 관련된 정부기관, 대한체육회, 국민생활체육회, 대한올림픽위원회, 지방체육단체 등의 정책관련 이해관계자들의 '입장'과 그들의 정치적 '이익' 및 '손실' 등을 파악해 볼 필요가 있다.

정치를 사회에 존재하는 이해관계와 가치의 조정자 역할로 볼 때, 이해관계와 가치가 하나가 아닌 복수로 존재한다는 단순한 사실 하나만으로도 정책결정 과정에 있어서 정치 현상은 불가피한 것으로 나타나며, 이러한 맥락에서 국가정책은 이해관계를 가진 여러 개인 및 집단 간의 조정과 타협을 통해 형성되는 것이라는 주장은 타당성을 가진다(이종서, 2006). 또한 이종서(2006)는 '정부정치모델'로서 '제3의 Allison 모형'[3]은 서로 독립적인 정치적 행위자들의 집합체로서 정부의 행위를 바라보며, 정치적 논쟁의 결과로서의 정책을 분석대상으로 한다고 보고하고 있다. 이에 본 연구에서는 '정치의 흐름'에서 '정치적 이해관계'에 대한 '정부정치모델'적 접근을 다음의 몇 가지 전제와 입장을 같이 하였다. 첫째, 정책결정은 다양한 경쟁과 이해갈등 관계 속에서 자신의 이익을 추구하는 집단으로 인식한다. 둘째, 정책결정은 상이한 이해관계자들 속에 이해의 결합 또는 타협의 산물로 정의한다. 특히, 정책의제화를 위해서는 이해관계가 서로 다른 지자체뿐만 아니라 정부와 정치권 등 서로 다른 목적과 수단을 가진 참여자들의 입장이 상충되지 않고 이들의 공감과 지지를 얻어야 하는 것이 중요하다. 따라서 체육조직의 정책변동과 관련된 '정치의 흐름'에서 Kingdon 모형을 근거하여 분석요소를 적용하고, '정치적 이해관계'를 추가적으로 분석함으로써 체육정책이 정책의제화에 어떻게 선택되고 영향을 미쳤는지를 설명하였다.

다중흐름모형을 통한 체육정책의 세 번째 분석요소는 '정책대안의 흐름'이다. 여기에서는 정책주도자의 정책의제 결정과 이를 해결하기 위한 위원회에서 선택된 대안이 결정되는 과정을 설명하였다. 앞서 Kingdon 모형에서 제시한 '정책대안의 흐름'을 분석하기 위한 주요 요소는 '실현 가능성'과 '가치의 수용성'이라고 하였다. 이와 더불어 Kingdon 모형에서 '정책대안의 흐름'에 영향을 미치는 요인으로 '정책공동체의 분화 정도'와 '대안의 선택'을 들 수 있다. 정책공

3) Allison 모형은 1962년 미국과 쿠바의 미사일 위기 시 미국 정부가 대응하는 과정을 분석하여 3가지 유형의 모형을 제시하였는데, 제1유형은 합리모형, 제2유형은 조직모형, 제3유형은 관료정치모형으로 나뉜다(이종서, 2006).

동체의 분화와 대안의 선택은 정책변동의 요소를 분석하는 틀로 많이 사용되어 왔다. 체육정책의 변동과 관련되어 정책공동체의 분화로 인한 갈등이 존재하였으며, 시간적 흐름이나 물리적 불합리성 등에 대한 점증적 접근과 같은 대안의 선택들이 있었다. 이에 본 연구에서도 이를 분석하기 위해 Kingdon 모형에서 제시하고 있는 '실현 가능성', '가치의 수용성', '정책공동체의 분화 정도', '대안의 선택'을 토대로 분석하였다. 이들 분석요소의 개념은 다음과 같다.

'정책대안의 흐름'의 하위 요소인 정책대안의 '실현 가능성'이란 정책대안이 정책으로 채택되었을 때, 그 내용을 충실히 집행할 수 있는 가능성을 의미한다(Kingdon, 2003). 또한 '가치의 수용성'은 구성원들이 상호 간 공유할 수 있는 가치를 가질 수 있는가를 뜻하고, '정책공동체의 분화 정도'는 정책에서도 공통된 관심을 가지고 있는 정부기관의 관료, 의회, 참모진, 학계, 연구자, 전문가 등 다수의 참여자들로 구성된 공동체이며, 다양한 대안들을 가진 정책공동체가 경쟁하고 있는 장으로서 다양한 대안과 정책의제들이 주어진 정책의 범위 안에서 쌓여 있고, 이 대안과 의제는 선택을 받거나 채택되기 위해 상호 경쟁하고 있다는 것이다(이정철, 2017). 체육정책은 국회의원, 문화체육관광부, 문화체육위원, 대한체육회, 국가올림픽위원회 등의 국가 기관과 정책의제 선정과 결정을 위한 각종 위원회 등이 구성되었는데, 이러한 체육정책의 결정을 위한 정책공동체의 구성은 학계 및 전문가 등의 다양한 분야에서 구성되었다. 마지막으로 '대안의 선택'은 여러 대안 또는 의제들 중 결정의제는 정책영역의 안팎에 존재하는 정책공동체에 의해 심각하게 고려되고 선택되어진다. 따라서 정책공동체의 분화 정도가 낮아 연계성이 높으면 정책공동체의 역할이 효율적으로 작용하고 정책의제의 결정이 쉽게 이루어질 수 있다. 또한 정책공동체는 많은 사람들이 심각하게 고려할 것으로 보이는 의제들과 이에 대한 대안들을 가지고 있으면서 정책결정에 직접적인 영향을 미치기도 하고, 다른 대안에 영향을 주기도 한다(이정철, 2017). 따라서 본 연구에서도 체육정책에 관여하고 있는 정책공동체의 단위가 안팎으로 많이 존재하기 때문에 전국단위 및 지역단위로 이루어진 '공동체 단위 내 대안의 선택'과 관련된 상황들을 전방위적으로 살펴보았다.

Kingdon(2003)은 정부차원의 의제와 결정의제를 구분하였다. 결정의제가 되려면 문제는 실행 가능한 대안과 결합되어 있어야 하며 시작할 준비가 되어있고, 이미 설득되었거나, 또는 실행되고 있다면 쉽게 결정의제가 될 수 있다고 하였다. 이와 관련하여 정책대안의 흐름에서 언급한 요소들이 작용하여 정책공동체에서 선택된 대안은 정책의 창이 열렸을 때, '결정의제화'로 발전할 수 있다는 것이다. 따라서 Kingdon 모형에서 제시한 '선택의 기준', '정책공동체의 분화 정도' 등의 분석요소들과 이 연구의 목적에 맞게 이를 변용한 '공동체단위 내 대안의 선택'의 분석요소를 통해 정책대안의 흐름과 결정의제화의 상호관계를 설명하였다.

통합체육정책의 분석요소 중 마지막은 '정책의 창과 정책주도자'에 대한 것이다. '정책의 창과 정책주도자'는 어떠한 흐름이 주도하거나 결합하여 '정책의 창'이 열렸는지 그리고 '정책의 창'이 열렸을 때, 정책주도자의 역할로 정책의 결정이 이루어지는 과정을 설명하는 것이다. '정책의 창'은 정책문제, 정책대안 그리고 정치적 상황이 만나는 중요한 전환점에서 열리게 된다(정원숙, 2014). 정책대안이 정책문제와 결합되고, 정치적 상황이 맞아떨어지는 그 시점이 중요하다. 즉, 다중흐름모형에서 상호 독립적으로 진행되던 사회문제의 흐름들이 우연히 합류되어 정책대안이 정책문제와 결합되고, 정치적 상황과 이어질 때 '정책의 창'이 열리게 된다는 것이다(Kingdon, 2003). 통합체육정책에 있어서 '정책의 창'이 열린 것은 여러 번의 시기가 있었으며, 정책주도자도 여러 사람에 의해 이루어졌다. 체육정책의 변동에 있어서 '정책의 창'과 '정책주도자'는 서로 분리하여 볼 수도 없으며, 두 단위가 결합되었을 때 체육정책의 변화가 실현되기 때문에 두 분석요소를 모두 고려하여야 한다.

'정책의 창'은 특정 정책을 지지하는 이해당사자 또는 정책행위자들이 자신이 선호하는 대안을 관철시키기 위하여 강요하거나 그러한 대안이나 해결책에 관심을 갖도록 압력을 행사할 때 열리게 된다(정용일, 2012). 앞서 언급한 바와 같이 '정책의 창'이 열리는 시간과 시기를 고려하여, 그 결합의 논리와 결정의 유형이 정책결정에 매우 많은 영향을 미친다(Zahariadis, 2007). 본 연구에서는 체육정책의 변동과 관련하여 '정책의 흐름'이 있었는데 '정책의 창'이 어떻게 열리게 되었으며, '정책주도자'가 누구인지를 살펴보았다. 또한 본 연구에서는 2000년 이후 체육정책의 시행에 관한 '정책의 창'이 열렸을 때, '정책주도자의 영향력'은 가장 핵심적인 부분으로서 각각의 정책주도자들과 정책결정자 또는 정부 담당기관의 상호 간 영향성을 중심으로 분석함으로써, '정책의 창'에서 최종적으로 정책결정이 되는 과정에서 나타나는 영향력과 상호관계를 설명할 수 있을 것으로 본다. 이러한 정책주도자(국회의원 등)와 정부 담당기관(문화체육관광부, 대한체육회, 국민생활체육회) 간의 상호 영향력을 파악하기 위해 Zahariadis(2007)의 '정책주도자의 역할'에 대해 강조하여 설명하고 있는 '자원', '접근', '전략' 등의 개념을 분석요소로 적용하였다.

Kingdon(1995)은 정책주도자가 각 흐름을 조율하는 것이 아니라 자신의 대안이 선택될 수밖에 없는 극적인 순간을 기다리고 그 순간에 모든 방법을 통해 대안이 선택되도록 활동한다고 보고 있다. 그러나 Zahariadis(2007)는 정책주도자가 상징이나 협상 등 다양한 방법을 통해 각 흐름을 조율하여 원하는 정책을 선택하거나 원하지 않는 정책을 제거한다. 즉, 정책주도자의 역할을 더 적극적인 행위자로 강조하고 있다(이정철, 2017). 본 연구에서는 '정책주도자의 영향력'을 Zahariadis(2007)가 제시한 다음의 몇 가지 전제 또는 관점을 바탕으로 논의하였다.

첫째, '자원'은 정책주도자가 정책결정 및 변동을 성공적으로 이끌기 위해 필요한 자질 중 하나이다(장현주, 2017). Zahariadis(2007)는 정책주도자의 자질로서 정치적 자원 또는 연계를 강조하고 있다. 본 연구에서는 이를 개인적 자원과 정치적 자원으로 구분할 것이다. '개인적 자원'은 정부차원에서 이루어지는 정책결정 과정에 접근할 수 있는 권한을 의미하며, 이는 선출을 통한 정치적 직위에 부여되기도 하고 일반 대중의 지지를 근거로 하여 부여되기도 한다(김태한, 2009). '정치적 자원'은 정책결정 과정에서 다른 주요 행위자들과 경쟁하는데 요구되는 정치적 힘이 될 수 있는 자원으로서 정책결정자 또는 정책결정에 대해 영향을 줄 수 있는 행위자들과의 관계를 의미한다(김영대, 2012). 지방자치단체장은 정치적 자원을 활용하고 정당은 지역에서의 정권창출을 위해 상호 간 협력할 요인이 있다. 대한체육회와 국민생활체육에 지원되는 국비보조금은 정부의 중요한 재원이며, 두 단체가 기득권을 확보하고 단체장의 입지를 통해 재정을 확보하는 권한 등이 주요하게 작용한다. 따라서 통합체육에 따른 개인적 자원 및 정치적 자원 모두 정책주도자의 영향력에 대한 분석단위로 사용될 것이다. 또한 정책주도자가 속한 정당과 관할 부처의 상호협력적 관계 형성 및 공동노력을 통해 국회에서의 세력분포 및 수권정당 여부는 정책의 변동과정에 영향력을 미칠 가능성이 높다(김영대, 2012). 체육정책의 변동이 발생한 것은 국회의원과 중앙정부와의 우호적인 관계가 정책의제의 선택과 결정에 영향을 미칠 수 있는 정치적 자원으로 작용할 가능성이 높다.

둘째, '접근'은 정책과 긴밀하게 연관되어 정책에 영향력을 행사하기 위해 활용할 수 있는 대상과의 통로로써(김영대, 2012) 정책결정자, 정부 관료, 또는 정당이나 행정부에 발언권을 가진 사람과의 접촉을 의미한다(김영호, 2002). 기존 정책 영향력 관련 연구에서 본격적으로 '접근'을 다룬 연구들(김영호, 2002; 정병걸, 성지은, 2002)을 보면, '통로 요인'을 '접근'의 개념과 유사한 개념으로 사용하였으며, '정치적 기회구조 요인'을 '접촉'과 더불어 포괄적으로 사용하였다. 모든 정책주도자가 동일한 정치적 자원을 가지고 있는 것은 아니기 때문에 항상 목적을 달성할 수 있는 것은 아니다. 그러나 적어도 그들의 요구를 정책결정자들에게 알릴 수 있는 통로를 가지고 있다. 이러한 통로를 통해 정책주도자는 정책과정에 효과적으로 영향력을 행사하기 위해 다양한 전략적 수단을 동원한다(정병걸, 성지은, 2002). 이와 같은 행동에는 직간접적으로 정부의 정책에 영향력을 행사하는 모든 행위가 포함된다. 이는 정책결정에서 영향력을 행사하기 위해서 정책주도자는 자신의 입장과 주장을 설득력 있게 정책결정자에게 전달할 수 있는 요령과 기술이 필요하다는 것이다(김영호, 2002). 따라서 체육정책이 결정이 되는 과정에서 정책주도자가 접근한 경로도 분석요소에 포함되었다.

셋째, 정책결정 과정에서 또 한 가지 중요한 변수는 정책주도자가 사용하는 '전략'이다. 즉, 정책주도자는 세 흐름을 결합시키기 위해 '전략'을 다룰 수 있어야 한다(Zahariadis, 2007). '전략'은 현실에 있는 문제를 범주화하고 의미를 부여하는 것이며, 문제를 표현하고 선호하는 대안을 추진하기 위해 필요한 정보를 선별하고 설명하는 것이다. 즉, '전략'은 '접근'을 통해 사용하는 문제해결의 방법이다. 체육정책의 변동에 따른 문제점들을 극복하기 위해서 정책주도자는 어떤 전략을 사용하고 그것들을 결합시킬 수 있었는지를 살펴보아야 한다. 이를 통해 정책주도자의 영향력에 대한 전제와 관점들을 통제함으로써 정책결정 과정에서 모호함을 제어하여 정부의 관심을 유발하고 다른 대안들과의 경쟁에서 유리한 지위를 선점할 수 있게 된다(Zahariadis, 2007). 정책주도자가 활용하는 주요 전략은 '프레임', '감정 점화', '점진적 협상 전술', '각종 상징의 활용'이 있다(Zahariadis, 2007; 장현주, 2017). 이처럼 전략은 여러 방법과 수단들이 활용되지만, 본 연구에서는 정책주도자의 전략을 정책문제를 표현하는 기술로써 정책결정자의 설득 논리로 모든 전략을 염두에 두었다.

그러므로 본 연구는 Kingdon 모형을 체육정책이 정책의제로 선택되고 결과의제로 수용되는 과정을 전반적으로 살펴보는 것에 적용하였으며, 이 모형이 갖는 다원적 분석의 한계를 보완하기 위해 다른 이론의 개념을 추가하여 적용하였다. Kingdon의 다중흐름모형에서 사용하는 구성요소 및 하위 분석요소는 [표 1]과 같다.

[표 1] Kingdon의 다중흐름모형 분석요소의 구성

구성요소	하위 분석요소	선행연구
정책문제의 흐름	주요 지표 사건 및 위기 환류	송지현, 이태영(2012), 박소영, 김민조(2012)
정치의 흐름	국가적 분위기	박균열(2012), 이종환(2014)
	정치의 변화	권석천, 장현주(2015), 이병량, 정민경(2014)
	정치적 이해	Allison의 '정부정치 모델' 개념
	압력집단의 조직적인 힘	정용일(2012), 이현정(2016)
정책대안의 흐름	실현 가능성	이종환(2014), 이영재(2012)
	가치 수용성	이동규, 우창빈, 강민규(2015), 강보배, 정준호(2016)
	정책공동체의 분화 정도	이정철(2017), 김일문(2014)
	공동체단위 내 대안의 선택	Kingdon 모형 및 연구의 대상을 고려한 선택
정책의 창과 정책주도자	정책의 창 (결합논리 및 유형)	이동규 등(2015)
	자원 접근 전략	Zahariadis(2007)의 '정책주도자의 역할'에 대한 개념 적용

2 한국의 체육조직

한국의 체육조직은 크게 두 집단으로 구분되어 있으며, 엘리트체육을 담당하는 대한체육회와 생활체육을 담당하는 국민생활체육회이다. 엄밀히 말하자면 올림픽과 관련된 업무를 담당하는 대한올림픽위원회도 큰 조직 중에 하나이다. 그렇지만 대한올림픽위원회는

대한체육회와 통합되었으므로 전체를 두 개의 집단으로 분류하는 것이 옳을 것이다. 또한 통합체육의 주요 맥락이 선진국형 체육조직 시스템에 관한 것이고, 이에 대한 요점은 엘리트체육과 생활체육의 통합운영에 관한 사항이다. 이 연구는 통합체육정책을 수립하는 정책의제의 설정에서부터 결과로 이어지는 전반적인 과정에서 나타난 현상을 분석하는 것에 초점이 맞추어져 있다. 이를 위해 한국의 체육조직인 대한체육회와 국민생활체육회를 중점으로 한국의 체육조직에 관한 일반적 현황을 살펴보았다.

일반적으로 '조직'은 기업체나 정부기구, 학교와 같은 구체적인 사회 집단적 단위를 말한다. 조직은 의도적이며, 인위적으로 설립된 모든 형태를 이야기하며 정당과 노조, 군대와 관료, 회사와 학교 등도 모두 조직에 속한다. 반대로 가족, 부족과 같이 자연적으로 구성된 집단은 조직이 아니다(유종상, 2003). Etzioni(1964)는 조직을 특정한 목적을 추구하기 위해 의도적으로 구성된 '사회적 단위' 혹은 '인간의 집합'이라 정의하였다. 또한 Parsons(1956)는 '특정한 목적을 가진 사회체계'라고 정의하였다. 이를 바탕으로 한국 체육조직의 개념과 구성된 배경 및 특징을 살펴보았다.

체육조직에 대한 광의의 개념은 '체육활동에서 나타나는 상호작용의 구조화된 과정'으로 정의될 수 있다. 반대로 협의의 개념은 '합의된 체육목적을 효과적으로 달성하고자 여러 기능과 책임을 분배하고 직원을 배정하며, 그들로 하여금 최소한의 갈등과 최대한의 만족을 보장하게 하여 체육의 목적을 달성할 수 있도록 그들의 노력과 능력을 연결하는 것'으로 정의된다(박영옥 등, 2000; 이범제, 1999).

현재 한국의 체육조직은 정책과 국고보조금에 대한 결정권을 가지고 있는 중앙정부에 의해 설립된 조직과 지역주민을 위해 체육행정을 구현하는 지방자치단체에 의해 설립된 조직이 있다. 자세히 언급하면 중앙정부 산하에서 전문체육을 담당하는 대한체육회가 있고 생활체육을 담당하는 곳으로 국민생활체육회가 있었다. 대한체육회에는 지방단위에 시·도체육회와 가맹경기단체를 둘 수 있으며 국민생활체육회에서도 지방단위에 시·도생활체육회와 종목별연합회를 구성할 수 있었다. 이 밖에도 대한체육회와 국민생활체육회에 예산을 지원해주는 국민체육진흥공단이 있으며, 그 산하기관에 체육을 체계적으로 연구하는 한국스포츠정책과학원도 존재한다. 본 연구에서는 2016년 대한체육회와 국민생활체육회가 통합한 전후에서 발생한 의사결정의 과정에 대한 고찰을 중심으로 대한체육회와 국민생활체육회라는 두 조직의 설립배경과 형태, 통합이 진행된 배경에 대해서 살펴보았다.

1) 대한체육회

대한체육회는 국민체육진흥법에 근거를 두고 있는 특수법인이자 민법상 사단법인이다. 이 기관은 감독기관인 문화체육관광부의 감독 혹은 간섭과 통제를 받고 있으며 정관의 승인권, 임원의 임명에 있어서도 문화체육관광부가 관여하였다(김용섭, 2009). 또한 대한체육회는 한국의 아마추어 스포츠를 육성하고 경기단체를 지도, 감독하며 국제적으로는 대한민국을 대표하는 국가올림픽위원회이다.

1905년 11월 17일 을사보호 조약에 이어 1910년 8월 29일 한일합방 조약이 체결되자 국민의 울분은 자연스럽게 체육, 스포츠 분야로 이어졌다. 여러 단체와 학교는 민족정기를 북돋우며 독립투쟁을 전개하기 시작하였고, 마침내 1920년 7월 13일 우리나라 체육의 근간이라 할 수 있는 조선체육회를 창립하였다(대한체육회, 1990). 조선체육회는 활발한 민족 경기대회를 개최하고, 민족체육을 발전시키며 민족혼을 배양해 왔고 일제의 탄압 속에서 한국 체육의 우월성을 과시하면서 민족정기를 일깨웠으나, 여러 경기 분야에 걸쳐 일본인들을 압도한 것이 그들의 비위에 거슬려 탄압의 대상이 되었다. 그러다가 조선체육회는 1938년 7월 4일 일제가 주도하고 있었던 조선체육협회로 흡수되었고, 광복 후 1945년 11월 26일 조선체육동지회를 중심으로 부활되었다. 이후 1947년 6월 20일 대한올림픽위원회(Korean Olympic Committee, 이하 KOC)를 설립하고 국제올림픽기구(IOC)에 가입한 후, 1948년 9월 3일 대한체육회로 개칭하였고(대한체육회, 1990), 1954년 3월 16일 사단법인 대한체육회가 되었다. 그리고는 1964년 대한체육회에서 대한올림픽위원회가 분리되었으나, 1968년 체육단체 일원화 방침으로 대한체육회의 대한올림픽위원회와 대한학교체육회가 통합되었고, 1983년 1월 1일 특수법인이 되면서 법정법인이 되었다. 이렇게 사무처는 일원화하였지만 대한체육회장이 대한올림픽위원회 위원장을 겸임하고 대한올림픽위원회 상임위원회와 위원총회 등 별도의 의사결정기구를 존치하고 운영해 왔다. 이후 2009년 6월 24일 대한체육회와 대한올림픽위원회는 대한체육회로 완전히 통합되었다. 대한체육회는 국민체육진흥법 제33조를 근거로 설립되었고, 이사회, 대의원총회, 12개의 위원회, 사무처로 구성되었다. 산하에 61개 가맹경기단체, 17개의 시·도체육회, 18개의 재외한인체육단체가 있다(대한체육회, 2020b). 대한체육회는 2015년 개정된 국민체육진흥법의 시행에 따라 2016년 국민생활체육회와 통합하였다.

대한체육회는 100년의 역사를 가지고 있다. 매년 전국소년체육대회와 전국체육대회를 개최하여 스포츠에 대한 국민적 관심과 인식을 높여 우수 선수 발굴과 스포츠 인구 저변확대에 앞장서고 있다. 또한 대한체육회는 꿈나무, 청소년 대표, 국가대표 상비군, 국가대표 선수로 이어지는 우수 선수의 과학적이고 체계적인 육성을 통해 경기력 향상을 도모하여, 스포츠를 통한 국위선양에 크게 이바지하고 있으며(문화관광부, 2012), '86 서울아시안게임과 '88 서울올림픽대회를 비롯해 '97 무주 · 전주동계유니버시아드대회, '97 부산동아시아대회, '99 강원동계아시안게임, 2002 부산아시안게임, 2003 대구하계유니버시아드대회 등의 국제대회를 성공적으로 개최했다. 체계적인 스포츠 외교력을 바탕으로 2011 대구세계육상선수권대회와 2014 인천아시안게임, 2018 평창동계올림픽도 성공적으로 개최했다. 더불어 1999년 109차 IOC총회와 2006년 제15차 ANOC 총회 등의 국제회의도 성공적으로 개최하였다.

1966년에 건립한 전문체육의 요람인 태릉선수촌과 2011년 준공한 진천선수촌을 운영하고 있으며, 최첨단 종합훈련시설과 체계적 순환훈련시스템을 보유한 명실상부 체육 강국으로서 입지를 강화하고 있다(대한체육회, 2020b). 국민체육진흥법 제33조에 의해 설립된 대한체육회는 경기단체의 사업과 활동에 대한 지도와 지원, 체육경기대회의 개최와 국제 교류, 선수 양성과 경기력 향상 등 전문체육 진흥, 체육인의 복지향상, 국가대표 은퇴선수 지원사업과 그 밖에 체육진흥을 위하여 필요한 사업과 활동을 하고 있다(대한체육회, 2020b). 통합된 대한체육회의 조직기구는 [그림 1]과 같다.

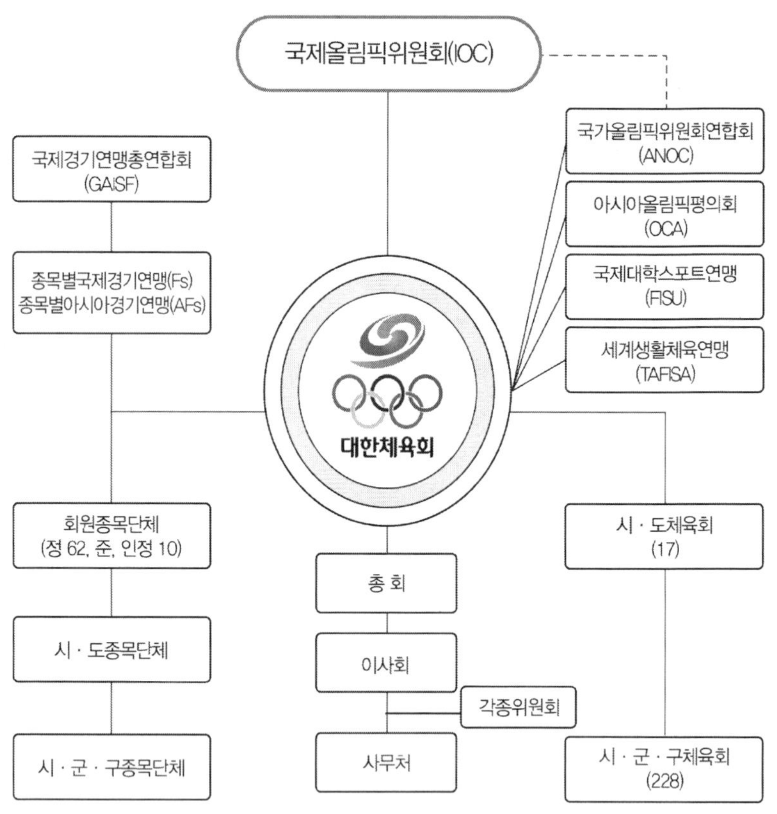

[그림 1] 대한체육회 조직기구표

출처: 대한체육회(2020b). Retrieved from https://www.sports.or.kr

2) 국민생활체육회

'88 서울올림픽 이전은 전문체육 패러다임에 의해 체육정책이 추진되어, 국가 이미지 향상과 국민 화합, 그리고 스포츠를 통한 정치체제의 우월성을 증명하였다(정동구, 하웅용, 2001). 성공적인 올림픽 개최 후 잉여금이 국민체육진흥기금으로 조성되어 국민들이 참여할 수 있는 체육시설의 건립을 본격적으로 추진하였다. 1990년대 이후로 국민 모두가 참여할 수 있는 생활체육을 체계적으로 시행하기 위해 구체적인 대안과 추진과제가 수립되고 시행되었다. 정부의 체육 관련 부서와 관계기관에도 생활체육이라는 부서가 만들어지고 1991년 '국민생활체육협의회'가 등장하게 되었다. 생활체육에 대한 개념도 유럽을 중심으로 한 'Sport for all' 개념이 폭넓게 자리를 잡게 되었다. 생활체육은 유아에서부터 노인에 이르기까지 수직적 영역과 지역사회와 직장, 가정을 포함하는 수평적 영역을 포괄하는 것으로 개인의 행복과 삶의 질적 향상을 위한 자발적 참여를 더욱 강조하는 개념으로 확장하며 빠르게 성장하였다(위성식, 권연택, 2010; 임번장, 2010).

이 시기에 국민생활체육진흥 종합계획인 '호돌이 계획'이 수립되었는데, 이 계획의 첫 번째 단계는 기반조성단계로 업무추진체제 확립과 종목별 동호인 단체결성, 국민생활체육 참여를 위한 사업의 구체적인 추진, 국민생활체육 홍보 및 프로그램 보급으로 참여인구 확산, 국민생활체육기구의 업무능력 제고 및 자립기반 조성 등의 목적으로 1990년부터 1992년까지 3년 동안 추진되었다(국민생활체육협회, 1993). 또한 1993년부터 1997년까지 국민체육진흥 5개년 계획이 시행되었다. 그 내용을 종합적으로 살펴보면, 생활체육의 범국민적 확산, 전문체육의 지속적 육성, 국제체육 협력증진, 체육과학 진흥, 체육행정 체제보강 등 다섯 가지로 정리되었다(조문기, 2006). 생활체육 정책과 관련된 사항은 국민의 체육활동 참여의식 고취, 국민체육활동 공간 확충, 생활체육 지도자 양성, 국민체육활동의 체계적 육성 및 지원, 국민의 건전한 여가 기회 확대 등으로 정리될 수 있다(신용호, 2011). 이러한 계획은 1997년까지 국민의 생활체육 참여율 50%

를 목표로 실시하였다. 이와는 별도로 1996년에는 삶의 질을 세계화 하기 위한 생활체육활성화계획(1996년~2000년)이 수립되었다. 1998년~2010년까지 국민의 복지차원에서 이루어진 다양한 생활체육 전개는 국민생활체육회의 성숙된 성장과정과 여가시대에 국민이 다 함께 즐기는 스포츠 문화 환경을 조성하기 위해 선도적인 역할을 한 과정이라고 할 수 있다(신용호, 2011). 통합된 체육조직 이전의 국민생활체육회 조직기구표는 아래의 [그림 2]와 같다.

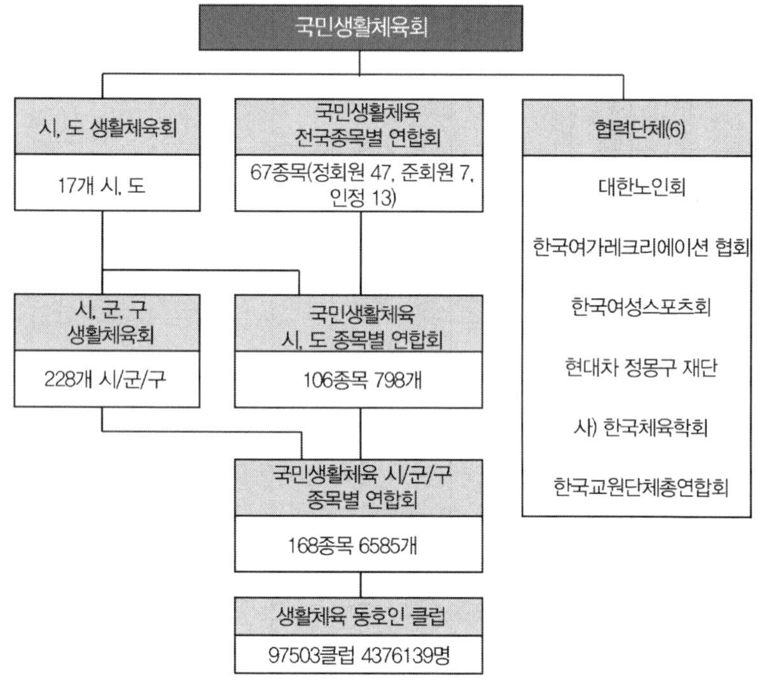

[그림 2] 통합 전 국민생활체육회의 조직기구표

출처: 정원옥(2016). **대한민국 체육단체 통합 갈등과정 분석 연구.** 미간행 석사학위논문. 한국외국어대학교 대학원, 서울.

국민생활체육회는 국민의 체력과 건강을 증진하고 삶의 질을 향상시키기 위한 사업들을 조금씩 증가시켰으며 대한체육회의 예산에 비하면 제한된 지원금이지만 사업의 영역을 점차 확장시켰다. 국민생활체육회에서 추진하는 사업은 체육활동을 통한 국민복지의 실현과 의료비 감면 등과 같은 국가정책의 궁극적 목적과 함께 다양한 영역의 사업을 추진하였다. 국민생활체육회의 정책 사업은 크게 여덟 가지로 나누어 살펴볼 수 있다. 아래 내용은 위성식, 권연택(2010)의 내용을 토대로 구성하였다.

첫째, 국민의 '생활체육참여실태조사' 사업이다. 이 사업은 급변하는 사회 및 체육환경 속에서 다양화되고 있는 국민의 생활체육참여 형태와 요구를 분석하여 국민 요구에 부응하는 생활체육 정책을 추진하고자 1986년부터 실시되고 있다. 이 조사는 2006년까지는 3년 주기로 실시되었으며, 2008년 이후부터는 2년 주기로 실시되었다. 현재는 통계시스템이 발달되고 1년 단위의 생활체육 참여 실태조사를 실시하고 있다. 이 조사에서는 생활체육 참여 여부와 참여종목 등 생활체육의 참여 형태, 생활체육 참여의 주요 세부 요소인 체육시설, 프로그램, 지도자 관련 요구와 체육활동 효과 및 체육정책에 대한 인식 등이 포함되어 있다.

둘째, 생활체육 참여기회 확대 사업이다. 모든 국민들이 생활체육에 참여할 수 있도록 기회를 주고 모든 국민들이 소외되지 않고 균등하게 참여하기 위해 지속적으로 추진된다. 이 사업은 시·군·구 단위에서부터 마을 단위로 고연령층에서 저연령층까지 이르는 생활체육교실 사업이며, 어르신 체육활동 지원 등 전 국민들을 대상으로 한 사업 영역이다.

셋째, 생활체육 동호인 육성지원 사업이다. 생활체육의 진흥을 도모하기 위해 생활체육 동호인에게 시설과 프로그램을 제공하고 지도자 배치 등을 지원해 주고 있으며 동호인들이 다양한 행사를 개최할 수 있도록 여러 형태의 사업을 추진하고 있다. 또한 생활체육 진흥 사업은 공공스포츠클럽, 어린이 체능교실은 물론 여성체육 활성화 등을 통하여 여러 계층이 참여할 수 있도록 다양한 사업이 활성화되고 있다.

넷째, 직장 체육활동 육성 사업이다. 직장체육의 목표는 직장인들이 신체적, 정신적 건강을 유지하고 직장 안에서 여가선용을 함으로써 직장생활에 만족하며 노사 간의 화합을 향상시켜 궁극적으로 직장의 생산성을 높일 수 있도록 하는 것이다. 이는 국가의 경제적 차원에서도 필요할 뿐만 아니라 국가정책의 주요 영역이 되었다. 국민체육진흥법에서는 직장체육진흥관리위원회를 설치, 운영하고 체육주간 및 체육의 날을 지정해 직장체육 행사를 실시하며, 직장체육 시설의 설치와 직장체육동호인조직 육성 등에 관하여 규정함으로써 직장체육활동의 활성화를 도모하고 있다.

다섯째, 소외계층 체육활동 지원 사업이다. 1975년 유럽 체육부장관 회의에서는 '모든 사람을 위한 스포츠 유럽 헌장'을 근거로 스스로 체육활동에 참여할 수 없는 소외계층을 중심으로 운동용구의 지원과 생활체육 프로그램 운영 등의 지원이 이루어지고 있다. 이는 '스포츠바우처' 사업으로 진화되어 저소득층 및 소외계층을 중심으로 체육 강좌를 수강할 수 있도록 만든 사업이다.

여섯째, 생활체육지도자의 효율적 관리 및 활용 사업이다. 생활체육지도자는 체육문화를 선도하고 보급하는 주체로서 체육에 대한 국민의 인식을 긍정적인 방향으로 이끌어 생활체육에 보다 많이 참여할 수 있도록 유도하는 지도자이다. 또한 체육활동 프로그램을 합리적으로 제공하고 효율성을 극대화하며 시설의 이용 효율을 높이는 데 필수적인 역할을 담당하는 등 그 업무능력에 대한 기준도 매우 광범위하다(김옥태, 이승희, 2010; 위성식, 권연택, 2010; 안혜임, 김경숙, 2007). 2014년 기준 국민생활체육회에 등록된 생활체육지도자는 일반지도자 1,400명, 어르신지도자 812명, 광장지도자 434명 등이다(정원옥, 2016).

일곱째, 생활체육 홍보 및 정보 서비스 사업이다. 국민생활체육회 홈페이지를 방문하면 생활체육에 대한 정보와 사업현황, 지역별 생활체육 프로그램 안내 등이 매우 자세하게 홍보되어 있으며 국민들이 스스로 정보를 제공받을 수 있다. 특히, '7330 캠페인'은 생활체육에 대한 필요성과 중요성을 인식하는데 매우 중요한 역할을 하고 있으며 생활체육관련 이벤트와 대회를 개최하여 다차원적인 홍보 활동을 펼치고 있다.

여덟째, 세계 각국에 거주하고 있는 한민족에 대한 체육활동 지원 사업이다. 세계 각국의 수백만 해외동포들에게 조국에 대한 긍지와 민족의 동질성을 회복할 수 있도록 세계한민족축전을 지원하고 있다. 이 축전에서는 체육행사를 비롯하여 다양한 문화행사와 세미나가 개최된다. 한민족 달력과 한민족 소식지의 발간을 비롯한 한민족 이민 생활수기, 세계 한민족 편람, 한민족 뿌리 찾기 운동 등의 다양한 행사가 전개된다(신용호, 2011). 해외동포들에게 조국에 대한 애착과 관심을 가질 수 있도록 노력해 오고 있다.

국민생활체육회는 체육환경이 급변함에 따라 체육시스템을 선진화하는 데 주안점을 두고 있다. 그리고 스포츠클럽을 조기에 정착시키는 데 주력할 계획을 가지고 있다. 이와 함께 생활체육 프로그램을 특성화, 다양화하여 수요자의 만족을 높이려는 방안을 마련하고 있다. 또한 생활체육에서 소외된 이들을 위한 스포츠 복지구현과 스포츠 산업을 접목해 국가 성장 발전의 새로운 블루오션을 창출하겠다는 방안도 내놓고 있다(신용호, 2011). 2016년, 국민의 체력과 건강을 증진하고 삶의 질을 향상시키기 위한 사업을 지속적으로 추진해온 국민생활체육회는 대한체육회에 흡수, 통합되었으나 생활체육의 근간을 이루는 사업들은 존속되어 현재까지 이어지고 있다. 물론 통합의 과정에서 생활체육 조직의 형태와 운영에 대한 많은 논쟁이 있었던 것으로 판단된다.

3 선진국의 체육조직

체육정책과 복지제도에 있어서 선진국이라고 널리 알려진 미국, 독일, 프랑스, 일본, 호주, 영국의 체육조직 형태를 살펴볼 필요가 있다. 이러한 국가들이 운영하는 체육조직의 형태는 조금씩 차이가 있기는 하지만 공통점은 체육조직이 모두 생활체육과 엘리트체육을 완전히 분리하지 않는다는 사실이다. 이러한 조직의 형태를 면밀히 파악하기 위해 각국에서 운영하고 있는 체육조직의 형태와 운영방법에 대해서 자세히 살펴보고자 한다.

1) 미국

미국의 경우 1960년대 초, 미국 대학체육연맹(National Collegiate Athletic Association: NCAA)과 아마추어경기연맹(Amateur Athletic Union: AAU)간에 아마추어 스포츠의 주도권을 둘러싼 분쟁이 일어났다. Gerald Ford 대통령이 1975년 대통령올림픽스포츠위원회(President's

Commission on Olympic Sports: PCOS)를 만들면서 정부의 직접적인 개입이 시작되었다(윤익선, 김영일, 1996). 정부는 두 단체 간 분쟁에 대한 조사를 대통령올림픽스포츠위원회가 만들어진 후 시작했는데, 구체적으로 대학체육연맹과 아마추어스포츠연합과의 분쟁에 대한 조사를 시작하였고, 공청회를 통해 미국체육 분야의 문제점을 분석한 후 체육기관들의 관계를 정리하고 1978년 아마추어스포츠법(Amateur Sports Act of 1978)을 제정하였다. 이 법에 의해 미국올림픽위원회(United States Olympic Committee: USOC)는 미국 아마추어 스포츠의 최고 상위조직으로서의 위상과 권한을 확보하게 되었다(한국행정연구원, 2003).

1978년 아마추어스포츠법에 따라 규정된 미국올림픽위원회의 역할은 크게 다섯 가지로 볼 수 있다. 첫째, 국제무대에서 미국 아마추어스포츠를 대표하는 기관이다. 둘째, 올림픽게임 및 국제대회 파견 대표 선발을 하도록 한다. 셋째, 팬아메리칸게임(Pan American Game) 대표선발을 주관한다. 넷째, 미국 내 다양한 아마추어 스포츠 조직과 각종 대회에 대한 승인 및 규제를 담당한다. 다섯째, 공공체육활동 및 생활체육진흥 등 미국 아마추어 스포츠의 모든 부분에 대한 총체적인 권한과 책임을 가진다(한국행정연구원, 2003). 하지만 미국이 프로스포츠와 대학스포츠를 육성하는 것에 비해 생활체육에는 미흡했다. 근린체육조직이나 지방정부의 공원레크리에이션과에서 스포츠 및 레크리에이션 업무를 수행하고 있었다(이용식, 1998). 미국 스포츠의 경우 아마추어스포츠법이 있다 하더라도 정부의 재정적인 지원을 받지 않고 기금과 후원금에 크게 의존하고 있었다. 수익창출은 기업후원금, 방송중계료, 일반인 후원금, 올림픽 재단에서 전입되는 수입, 판매수익금과 기타 수입으로 구성되었다(한국행정연구원, 2003).

또한 미국의 체육행정조직의 구분은 연방정부 수준과 민간수준으로 나누어 볼 수 있다. 연방정부 수준에서 스포츠 및 레크리에이션 분야에 일부 관여하고 있지만 실질적이고 명확한 의무 혹은 책임을 갖고 있는 체육행정기관은 없다고 할 수 있었다(체육과학연구원, 2004). 반면, 민간차원의 체육조직은 크게 올림픽, 교육, 근린시설, 군 체육조직으로 나눌 수 있는데 이 중 가장 대표적인 역할을 담당하고 있는 조직은 미국올림픽위원회(USOC), 미국대학경기협회(NCAA), 미국아마추어경기연맹(AAU)으로 분류할 수 있다. 미국올림픽위원회는 독립된 형태로 분류할 수 있으며 정부의 지원 없이 자체 재원을 확보하여 운영되었다(정석희, 2014). 특히, 미국올림픽위원회는 1978년 아마추어스포츠법 이후 제정된 '올림픽, 아마추어스포츠법(Olympic and Amateur Sports Act)'에 의해 미국올림픽위원회, 미국대학경기협회, 미국아마추어경기연맹 간의 협력 체제를 구성하기 위한 근간을 마련하고 그 지위를 인정받아 미국의 아마추어 스포츠를 총괄해 담당하고 있다. 주요업무는 올림픽, 팬아메리칸 게임 등과 같은 국제대회와 관련된 업무를 수행하고 있다. 미국대학경기협회는 대학 간의 교류와 같은 대학스포츠와 관련된 업무를 담당하고 있으며, 우리나라 국민생활체육회와 유사한 기능을 하고 있는 아마추어경기연맹은 지역사회 기반인 종합체육단체로 엘리트체육보다는 생활체육의 진흥에 주력하는 기능을 수행하며 총 57개의 지역협회로 구성되어 있다. 정부조직과 민간체육단체가 서로 밀접한 관계를 맺고 있어 지역사회 실정에 맞게 운영되고 있다. 미국의 민간 체육단체들은 공공자금에 전혀 의존하지 않고 합리적 경영 마인드와 적극적 마케팅으로 자체 운영을 하는 자립적인 재정 구조를 가지고 있다(김종백, 2005).

2) 독일

독일은 19세기 학교체육을 시작으로 사회전반의 체육활동이 활발해졌으며 당시 체육활동의 목적은 신체단련과 정서함양이라는 교육적 측면을 많은 부분 담고 있었다. 청소년 교육을 시작으로 체육은 대중들에게 파급되기 시작하여 1883년 지역별 지역체육연맹이 창설되고, 1891년 독일스포츠진흥중앙위원회가 결성되면서 대중경기의 보급이 확산되었다(김대광, 2003). 이후 독일은 1895년 아테네올림픽 참가를 위해 설립한 독일아테네올림픽참여위원회를 시초로 국가올림픽위원회가 설립되었다. 2차 세계대전 이전 독일의 체육은 정치적, 이념적 배경에 의해 노동자 체조스포츠동맹과 독일제국체육위원회로 구성되어 있었다. 전쟁이 끝난 이후 사회 각 계층을 대변할 수 있는 새로운 통합조직을 결성하기 위해 각 주의 체육회, 종목별 경기연맹, 대학과 같은 사회단체에 소속되어 있는 체육조직을 통합하여 1950년 12월 10일 독일체육회를 창설하였다(김미숙, 2012).

당시 독일체육회는 공공의 목적을 추구하는 정치적 중립 단체였으며 학교체육, 생활체육, 엘리트체육 지원과 스포츠과학의 진흥을 담당하고 있었다. 즉, 독일의 체육정책을 담당하는 체육조직은 독일체육회와 국제올림픽위원회에서 인정한 독일올림픽위원회로 분리되어 있었다. 그러나 근래 올림픽에서 성과를 나타내지 못하자 체육정책에 대한 비판이 나타났다.

독일은 2006년 5월 20일, 독일스포츠협회(DSB)와 독일올림픽위원회(NOK)가 통합하여 독일올림픽스포츠위원회(DOSB)로 기구통합을 실현하였다(체육과학연구원, 2011). 이를 계기로 독일은 높은 수준의 체육조직체를 갖게 되었다. 독일올림픽스포츠위원회(DOSB)는

90,000개 이상의 스포츠클럽에 2,700만 명이 넘는 회원이 가입되어 있다(김용섭, 2009). 독일의 스포츠클럽은 청소년을 포함한 일반 주민들의 체육활동 입문과 활동의 장을 제공할 뿐만 아니라 전문 선수의 발굴과 육성의 터전이 되고 있다(Allison, 1991).

주요기능은 체육진흥을 위한 모든 조치를 관리 및 조정하고 국가와 지방자치단체, 여론에 대한 소속회원 기구의 공동이익을 대변하며 독일체육계를 국내외에서 대표하는 역할을 한다. 또한 중등학교와 대학의 체육 수업 개선, 체육 분야의 학문적 연구강화, 여가선용, 대중운동, 전문경기에 있어서 새로운 프로그램 개발, 체육 휴양시설 확충, 올림픽 경기종목의 지도, IOC 협력 및 위임업무 수행, 올림픽 휘장 보호, 독일 내 올림픽운동 대표 및 후원, 관련 사업지원, 독일올림픽연구소(체육관련 연구, 학습 및 회의 개최) 지원, 올림픽 선수단의 파견준비, 올림픽교육, 국제협력, 개발도상국 등에 대한 체육지원 등의 역할을 담당하고 있다(한국조직학회, 2008). 독일의 경우에 주목할 점은 국가의 감독이 미치는 범위가 제한적이고, 절충하여 통합되었다는 사실이다.

우리나라의 통합과정과는 차이가 있지만, 독일올림픽스포츠위원회가 통합되는 과정은 5인의 공동협회장 체제로 이루어졌다. 5인은 축구협회장, 육상협회장, 근대5종협회장, 당구협회장, 주체육회 회장으로 선임되었고, 이후 공동협회장들의 투표절차를 거쳐 2006년 당시 국제올림픽위원회의 위원장인 토마스 바흐(Thomas Bach)가 독일올림픽스포츠위원회의 회장으로 선출되었다.

독일올림픽스포츠위원회는 상위단계의 임원진, 중간단계의 주체육회, 올림픽연맹, 비올림픽연맹, 특수과제수행경기연맹, 하위단계의 스포츠클럽으로 구성되어 있다. 독일올림픽스포츠위원회는 98개의

단체와 2,800만 명의 회원, 9만 1,000개 이상의 스포츠클럽을 운영하고 있는 기관이다. 외국의 사례에서 국가올림픽위원회가 통합되어 있는 구조는 특이한 사항이지만, 결과적으로 엘리트와 생활체육의 이분화된 조직이 아닌 하나의 체육조직에서 모든 업무를 담당하고 있는 것이다(한국스포츠개발원, 2014).

한편, 독일의 체육발전에 기초적 역할을 담당하는 스포츠클럽에 대해 언급하지 않을 수 없는데, 스포츠클럽은 모든 연령이 체육활동에 참여할 수 있는 구조적 여건을 제공한다. 독일은 '3명만 모이면 클럽을 만든다'라고 말할 정도로 스포츠클럽 활동이 활발하며 국민의 30%가 스포츠클럽의 회원으로 참여하고 있다(김경숙, 2002). 독일 체육의 성장은 1959년부터 생활체육 활성화 운동인 '스포츠 제2의 길', 1961년 시행된 '황금 계획', 1970년 '트림 캠페인(Trimming 130)'까지 다양한 생활체육 운동을 전개한 결과이다(송형석, 2009). 독일올림픽스포츠위원회는 스포츠클럽을 포함한 다양한 체육조직들에 연령대별 지도자 양성, 연령 및 성별에 맞는 프로그램 제공, 지속적인 체육시설 확충과 다양한 홍보 캠페인을 하고 있다. 결과적으로 엘리트체육과 생활체육의 분리가 아닌 통합조직으로 운영되고 있으며, 독일의 체육은 독일올림픽스포츠위원회와 스포츠클럽을 바탕으로 정부와 민간이 함께 이끌어 나가는 구조라고 볼 수 있다.

3) 프랑스

프랑스의 체육조직은 정부의 보건청소년스포츠협회부(Ministèe de la Santé de la Jeunesse, des Sports et de la vie associative), 프랑스올림픽위원회, 종목별 경기단체(Fééation Nationale)가 존재한다. 동시에 조직구조는 하부구조(생활체육)에서부터 상부구조(전문체육)로 발전되는 피라미드식 구조형태를 취하고 있다.

중앙정부의 보건청소년스포츠협회부 아래 청소년스포츠협회관련 전담 장관부(Secréaire d'Etat)는 중장기적 스포츠정책을 수립하고 행정지도와 예산지원으로 전문체육의 지원과 육성에 중심적 역할을 수행하고 있다. 특히, 프랑스올림픽위원회에 법과 제도적인 권한을 위임하여 행정감독, 재정지원 등 자발적인 운영을 돕고 있다. 지역단위의 생활체육을 육성하는 종목별 체육클럽(Club)은 우수한 체육인을 종목별 체육협회에 선발하며, 기초자치단체, 중간자치단체, 상위자치단체 단위의 경기에 출전할 수 있는 기회를 제공하고 있다. 중앙과 지방차원에서 체육행정은 수직, 수평적 상호 유기적인 협력관계를 구성하고 있다. 청소년체육협회관련 전담부는 중간자치단체와 상위자치단체 차원에 체육 담당국을 설치하였으며 정부, 종목별 경기단체 그리고 프랑스올림픽체육위원회가 중심이 되는 삼각체제로 운영되고 있다. 정부는 종목별 체육협회에 전문체육을 지원, 육성하는 데 필요한 행정적, 재정적 지원을 하고 프랑스올림픽체육위원회는 정부의 재정지원을 받아 전문체육을 위한 구체적인 시책을 수행하며 지방단위에 설치한 체육관련 담당국을 통해 지방종목별 체육협회에 대한 지도, 감독, 평가, 정보제공, 회계감사를 실시하고 있다(한국조직학회, 2008).

4) 일본

일본의 경우에는 일본스포츠진흥법에서 재단법인 일본체육협회와 재단법인 일본올림픽위원회를 분리하여 규정하고 있어 양 기관은 독립되어 운영되고 있다. 일본체육협회는 1911년 7월 제5회 스톡홀름올림픽대회에 참가하기 위하여 설립되었다. 최초의 명칭은 대

일본체육협회였으며 설립 당시의 목적은 국제경기력 향상 및 국민 스포츠 진흥이었다. 1920년 종목별 경기단체가 결성된 후, 1942년 대일본체육회로 명칭을 변경하였고 1945년에 일본체육협회(Japan Amateur Sports Association: JASA)로 변경하여 순수 민간단체 형태로 실질적 체육관련 정부행정기관과 유사한 역할을 담당하였다(체육과학연구원, 2011). 1989년까지 일본체육협회와 통합되어 운영되었던 일본올림픽위원회(Japan Olympic Committee: JOC)는 1989년 재단법인을 거쳐, 1991년 특수공익법인 자격을 획득한 후 일본체육협회로부터 완전히 독립하였다(정석희, 2014).

일본체육협회의 주요사업은 공인스포츠지도자 훈련, 지도자를 위한 회의 개최, 저널 발행, 전국스포츠축제 개최, 주니어스포츠클럽 육성, 시니어스포츠 육성 등이 있다. 일본올림픽위원회의 주요사업은 선수 강화 및 육성지원 사업, 올림픽 운동 추진, 올림픽과 같은 국제대회 선수 파견 및 성적 우수자 표창, 국제대회 유치 및 개최지원 등이 있다(체육과학연구원, 2011). 일본 체육행정의 총괄부서에는 문부과학성의 체육·청소년국이 있다. 주요업무는 전문체육, 학교체육, 생활체육을 위한 정책수립 및 집행을 담당하며 스포츠정책 수립에 기초가 되는 스포츠진흥 기본계획을 수립하고 있다.

또한 일본올림픽위원회와 일본체육협회는 체육단체를 지도, 감독과 지원을 하고 스포츠 진흥기금을 조성하여 우수선수 발굴 및 훈련, 국제경기참가와 행사를 지원한다. 체육·청소년국은 기획체육과, 생애스포츠과, 경기스포츠과, 교육건강교육과, 청소년과로 구성되어 있다. 더불어 지방자치단체의 체육담당부서에는 교육위원회가 있다. 교육위원회에서는 스포츠시설의 정비 및 관리, 스포츠 프로그램 개발, 스포츠 교실, 다양한 스포츠 종목 보급, 지역스포츠클럽 육성과 지원, 스포츠지도자 발굴과 육성, 학교체육시설 건설 및 스포츠대회의 지역유치 노력에 전력을 다하고 있다(한국조직학회, 2008).

결과적으로 일본은 체육관련정책과 이에 따른 사업추진을 일본체육회가 담당하고 있으며, 청소년 체육활동, 생애 스포츠 활동, 국제 경기력 향상, 스포츠의 투명성 향상에 다양한 노력을 기울이고 있다. 일본의 체육정책은 유아부터 고령자까지 모두 참여할 수 있는 생애주기별 체육활동 추진과 체육시설 인프라 확충으로 지역 스포츠 환경 수준이 높게 형성되어 있다. 일본은 종목별 단체가 행정력의 지지를 받으며 업무를 분담하려는 역할에서 탈피하였고, 민간주도형 시스템 정착을 위한 노력으로 지역사회에 존재하는 체육단체를 '종합형 지역스포츠클럽'의 형태로 설립하여 운영하고 있다(주성택, 정연길, 최종필, 박찬규, 2007). 결과적으로 엘리트체육과 생활체육이 통합된 형태로 운영되고 있는 것으로 보인다.

5) 호주

1901년 오스트레일리아가 영연방으로 통합된 호주의 스포츠 상황은 상당히 낙후되어 있었는데, 정부가 스포츠에 대한 관심과 지원을 시작한 것은 1976년 몬트리올올림픽 성적부진을 타개하기 위해, 1981년 1월 1일 호주체육연구원(Australian Institute of Sport: AIS)을 설립하면서부터이다. 특히 1989년 호주스포츠위원회(Australian Sports Commission: ASC)는 호주체육연구원과 통합을 이루면서 명실상부한 국가 체육 운영기관으로 탄생되었다(위성식, 권연택, 2010).

김민(2016)은 호주스포츠위원회의 구성은 호주체육연구원, 체육진흥국, 경영기능부서로 운영되고 있으며, 호주체육연구원은 주로 엘리트체육의 수준 높은 경기력에 대한 성과를 위해 코칭, 스포츠과학, 스포츠의학, 프로그램 관리 및 경기수행에 대한 연구를 수행하고 있었다. 체육진흥국은 전문체육에 대한 지원과 다양한 협력조직의 발전을 위해 포괄적인 참여계획과 실행에 초점을 맞추고 있다고 하였다. 또한 경영기능부서는 호주스포츠위원회에 소속된 모든 부서를 전반적으로 지원하는 부서로서 인적자원, 정보기술, 금융 및 자산관리, 규정준수에 따른 책임관리, 시설과 서비스에 대한 업무를 수행하고 있다. 호주는 1980년대 초까지만 해도 우리나라와 같이 학교체육에서 재능 있는 소수의 아동에게 관심을 집중하는 형태였다(한국조직학회, 2008). 그러나 1986년 학교와 클럽에 소속되어 있는 아동들의 스포츠참여 확대를 위하여 '오지 스포츠 프로그램(Aussie sport program)'을 수행하였다. 이는 아동의 스포츠 생활화와 엘리트체육 및 생활체육의 상생적 발전을 도모하는 성공사례가 되었다(서희진, 2005). 또한 스포츠에서의 양성평등을 추구하기 위해 여성들에게도 '3M(Marketing, Management, Media)' 캠페인을 통해 스포츠에 참여할 수 있도록 권장했다. 더불어 정부는 스포츠를 통해 삶의 질을 개선할 수 있는 정책을 모색하였고, 국민건강에 대한 기초 통계조사를 실시하여 스포츠를 통해 건강, 삶의 질 등이 개선될 수 있도록 했다. 특히, 스포츠참여율이 가장 저조한 중년층을 정책의 주요대상으로 삼고 적극적인 스포츠참여를 독려하는 정책을 추진하였다. 더불어 '스포츠 링크' 제도를 도입하여 학교와 지역사회 스포츠클럽과 지방자치단체와의 연결을 도모하는 정책을 추진하였고, 자연과 생태계를 보호할 수 있는 스포츠 프로그램을 개발하고 추진하였다(정지명, 2012).

한편, 호주올림픽위원회는 1895년에 창설되었으며 경기단체에 대한 예산지원, 올림픽 메달리스트와 세계대회 우승자들에 대한 선수지원과 2년마다 개최되는 호주청소년올림픽대회 지원 업무를 담당하고 있다. 또한 올림픽 선수들의 경험과 철학을 보급시켜 사회에 도움을 줄 수 있는 사업을 운영하고 있으며, 선수권익과 동계올림픽 경기력 강화 및 반도핑 지원에 대한 업무를 담당하고 있다(체육과학연구원, 2004). 이처럼 호주는 엘리트스포츠 육성, 스포츠 소외계층을 위한 투자와 접근성이 높은 시설 확대 등과 같은 성공적 정책으로 스포츠선진국으로서 국제적 위상을 확고히 하고 있다.

6) 영국

영국은 잉글랜드, 스코틀랜드, 웨일즈와 북아일랜드의 정치적 연합으로 구성된 국가이다. 그러한 국가적 상황에서 다양한 체육조직이 나타났는데 대표적으로 'UK Sport'와 'Sport England', 영국스포츠레크레이이션협회(Sport and Recreation Alliance: SRA), 청소년 스포츠를 위한 'Youth Sport Trust'로 운영된다. 'UK Sport'는 1997년 왕실헌장에 의해 설립되어 올림픽 참여를 지원하고 세계적으로 우수한 성적을 거두기 위한 목적으로 창립되었으며, 주요업무는 경기력 향상을 위한 프로그램 개발, 각종 경기대회의 유치 및 경기력 향상, 인재 개발, 연구, 코칭, 평등, 국제적 영향력 그리고 국제 계발 등에 대한 것들이 핵심사업이다(박재우, 2012). 반면, 'Sport England'는 생활체육을 통한 삶의 질 향상에 목적을 두고 있다. 주요업무는 영국에 위치한 중등학교에 지역스포츠클럽을 연계하고 장애인 체육과 소외계층 청소년들을 대상으로 체육 프로그램을 보급하는 것이다. 또한 학교 스포츠 시설 활용을 위하여 대학과 연계된 전임 스포츠 전문가의 활동기회도 제공하고 있다. 'Sport England'에 가맹된 경기단체는 유아와 청소년들에게 종목 저변 및 활성화에 관한 사업운영으로 학교체육과 생활체육 연결을 위한 통로 역할을 담당한다(이용식, 1998).

영국은 표면적으로 엘리트와 생활체육이 분리된 형태지만, 종목별 경기단체와 종목별 연합회가 이원적으로 구성되어 있던 우리나라와 달리 'UK Sport'와 'Sport England'는 두 개의 단체가 산하의 엘리트체육과 생활체육이 통합된 형태로 운영된다는 것이 특징이라 볼 수 있다(한국스포츠개발원, 2014).

[표 2] 선진국의 엘리트체육과 생활체육의 조직 형태

구분	미국	독일	프랑스	일본	호주	영국
엘리트체육 생활체육	분리	통합	통합	통합	통합	분리
종목단체	통합	통합	통합	통합	통합	통합

[표 2]는 앞서 언급한 스포츠선진국의 엘리트체육과 생활체육의 조직형태를 나타낸 것이다. 독일, 프랑스, 일본, 호주의 경우 엘리트와 생활체육이 통합 운영되고 있으며 지부 혹은 산하단체인 종목별 단체도 통합하여 운영되고 있었다. 영국과 미국의 경우 엘리트와 생활체육은 분리되어 있지만 종목별 단체는 통합하여 운영되고 있었다. 스포츠선진국에서 확인되는 공통점은 실질적으로 사업운영 및 프로그램을 진행하는 종목별 단체는 통합하여 운영되고 있다는 것이다. 지금까지 한국은 엘리트체육과 생활체육이 중앙단체 및 지역단체에서도 분리하여 운영되었으며, 종목별 단체 역시 엘리트와 생활체육으로 분리되어 있는 구조였다. 구조적 문제로 인해 지방체육

단체는 현재도 통합에 문제를 겪는 회원종목단체들이 존재하고 있다. 더욱이 국민체육진흥법의 개정으로 인해 지방자치단체장이 더 이상 체육회장을 겸직할 수 없는 민선체육단체의 시대가 되었고 불안정한 조직의 개편을 위해 법정법인이라는 시대적 변화를 겪고 있는 상황이다.

4 체육조직 통합의 배경

1) 체육단체의 통합

우리나라의 체육계는 성장과 발전을 거듭하며 성장과 확산이라는 목표만을 두고 매진해 왔다. 그러나 시대적 환경이 변하면서 체육조직이 만들어 낸 구조적 문제점들과 체육계에서 일어난 일부 사건들에 대한 지적으로 인해 어려움을 겪고 있었다. 이러한 상황에서 체육단체 통합 정책이 실현되었으며, 국민체육진흥법이 가지는 국민의 체육 진흥이라는 큰 목표 아래 두 조직이 하나의 조직으로 발전해야 하는 상황에 직면하게 되었다. 정정길(1998)에 의하면 사회는 그 사회가 처하고 있는 특수한 상황과 발전 단계에 따라 추구하는 사회적 가치가 다르며 정부는 정책을 통해 바람직한 사회를 만들어 가야 하고, 정책이 잘못 결정되거나 잘못 집행되면 가치의 실현이 어려워 결국 국민에게 많은 피해가 돌아간다고 하였다. 한국의 체육정책도 국가의 주도하에 엘리트체육을 중심으로 급성장을 이루어 왔다. 그동안 체육학 분야에서 진행된 체육정책에 관한 연구(김동규, 2000; 김승영, 2004; 김호민, 2009; 신용호, 2011)들을 살펴보면, 정권에 따른 체육정책의 변동과정과 문제점을 살펴볼 수 있으며 체육조직의 바람직한 발전 방향을 알려주는 대목을 발견할 수 있다.

김승영(2004)은 체육행정을 효율적이고 합리적으로 운영하기 위해서는 체육정책을 실현하는 의사결정 주체자의 의식전환이 필요하다고 지적하였다. 또한 체육행정은 정치로부터 자유로워야 하며 체육인을 포함한 민간차원에서의 주도적인 역할이 필요함을 강조하였다. 김호민(2009)은 5년마다 새로운 정권이 출범되므로 체육행정에 대한 장기적인 계획을 수립하기 어렵고, 임기응변적이며 획일적인 정책이 실현되고 있음을 지적하였다. 또한 생활체육과 엘리트체육의 상호보완적인 발전을 위해서는 어린이와 청소년들을 위한 스포츠클럽이 활성화되어야 한다고 강조하고 있다.

정부의 집권세력이 바뀜에 따라 우리나라의 체육조직 내부를 살펴보면, 현 상태에 안주하기도 하고 조직진단을 통해 새로운 대안이 제시되는 경우도 있다. 하지만 조직이 그동안 유지해온 관행에 의해 새로운 대안이 쉽게 정착되지 못하는 경우가 빈번하다(최형원, 2010). 즉, 정확한 조직진단을 통해 발전을 모색할 수 있는 방향으로 전환이 쉽지 않았다는 것이다. 이러한 문제의식을 기반으로 체육학 분야에서는 체육조직의 발전 방향에 대한 연구(김영운, 2010; 김영종, 2010; 김태영, 2009; 이병관, 1996; 정이든, 2014; 최형원, 2010)가 지속적으로 진행되고 있다.

최형원(2010)은 체육행정조직의 직무환경은 직원들의 과업수행행동에 적지 않은 영향을 미치고 있다고 밝힌 바 있다. 정이든(2014)은 대한체육회뿐만 아니라 중앙경기단체마다 천태만상으로 나타나는 특수성 및 개별성이 있음을 시사하면서 체육조직의 원활한 업무수행을 위해서는 행정, 재정과 관련한 교육과 개발이 함께 이루어져야 한다고 강조하였다. 이러한 연구의 노력에도 불구하고 아직까지

체육행정 조직에는 적지 않은 문제점이 노출되어 왔다. 체육행정 조직은 선수자원의 지속적 감소, 조직구조의 영세성, 낮은 재정자립도 등과 같은 구조적 문제점들을 지니고 있다. 또한 일부 경기단체의 후진적인 조직 운영 및 관리체계, 의사결정구조의 비민주화, 구성원 간 파벌 및 갈등의 심화, 불투명한 회계 및 비윤리적 경영 등과 같은 문제점이 나타나면서 구조조정 및 개혁에 대한 요구가 지속적으로 제기되고 있는 실정이다(김성호 등, 2012). 특히 한국의 체육행정 시스템을 개편하고 정책적으로 쇄신하기 위한 연구(문화연대, 체육시민연대, 2005; 오연풍, 2009; 이창섭, 2005; 한국행정연구원, 2003)에서는 한국 체육조직의 구조 개편과 통합을 지속적으로 강조해 오고 있다.

체육단체의 구조조정 필요성을 강조한 강신욱(2006)은 대한체육회와 국민생활체육회를 통합하고 대한올림픽위원회를 대한체육회에서 독립시켜 법정 법인화를 추진해야 한다고 주장하였다. 또한 가칭 '체육단체구조조정위원회'를 설치하여 그 업무를 효율적으로 추진해야 함도 언급하였다. 또한 김용섭(2009)은 대한체육회와 대한올림픽위원회의 소통에 초점을 맞추어 논의했는데 대한체육회와 대한올림픽위원회가 왜 조직을 개편해야 하고, 어떠한 절차로 통합되어야 하는지, 어떤 조직 형태로 나아가야 하는지에 대하여 구체적으로 제시하고 있다.

또한 체육단체가 통합됨에 따라 자율성과 독립성을 보장해야 하며 법적인 규정개편과 통합의 과정이 필요함을 강조하였는데, 오연풍(2009)은 체육행정시스템의 개선방안을 체제이론의 관점에서 진행된 연구를 통해 정부부처 내 협력과 조정의 시스템화, 체육홍보의 총괄적 기능, 체육행정시스템의 기획 기능의 보강이 필요하며, 생산체제의 개선을 위해서는 생활체육과 엘리트체육의 통합이 필요함을 밝힌 바 있다. 더불어 체육단체 및 지방단체 간의 조정기제 확립과 조직별 평가체계 및 전문성을 갖춘 단체장 선발 등도 필요함을 역설하였다.

한편, 김성호 등(2012)은 경기단체의 지배구조에 의한 행정 시스템의 취약성을 밝힌 바가 있고, 이수연(2012)은 조직의 외부 측면에서는 공공정책과 행정 시스템의 변화와 정부의 실질적 재정지원, 성과측정시스템의 정립이 요구되며, 조직 내부 측면의 개인적 차원에서는 관리자의 리더십, 자원봉사 인적자원관리에 대한 노력이 필요함을 강조하였다.

대한체육회는 출범 이후 약 50여 년간 대한올림픽위원회와 통합 → 분리 → 통합의 과정을 거쳐 왔으며, 이런 과정 속에서 탄생한 국민생활체육협의회는 체육계의 반발에도 불구하고 서울올림픽 이후 국민의 생활체육 활성화라는 명분으로 발족되어 양 단체는 상호 유리한 통합의 입지를 구축하기 위한 명칭변경 등 다양한 노력을 기울여 왔다.

체육단체의 통합을 위한 노력은 역대 각 정부의 출범 초기 정책에 우선적으로 반영되었다. 조직의 분리와 통합 문제는 김대중 정부에서 그 문제가 제기된 이후 노무현 정부와 이명박 정부 초기에 활발한 논의가 있었으나 결실을 맺지 못하였다(박주한, 2015). 2003년 이후 대한체육회는 체육회와 대한올림픽위원회의 단일화를 목표로 '대한올림픽체육회'로 명칭변경을 시도한 바 있었으나 결국은 '대한체육회'로 변경하였고, 국민생활체육협의회의 법정법인화는 체육조직의 이원화를 영구 고착시키는 결과를 가져올 수 있다는 것을 근거로 반대하였다(박주한, 2015). 이러한 이유에서 체육조직의 대통합을 위한 조건이라면 법정법인화를 수용하되 영구법인화는 반대하는 공식적인 입장을 고수하게 된 것이다. 한편 국민생활체육협의회는 우선적으로 국회의원의 서명을 받아 국민체육진흥법을 개정하여 법정법인화를 목표하고 있고, KOC의 분리 독립을 요구해 왔다. 더불어 2009년 '협의회'와 '연합회' 등의 명칭을 사용하는 것이 생활체육 단체가 느슨한 협의체 조직처럼 비추어진다는 지적에 따라 '국민생활체육회'로 명칭을 개정하여 중앙조직의 구심력을 강화하였다.

과거 대한체육회와 국민생활체육회 간의 통합논의는 여러 차례 시도되었으나 이견을 좁히지 못하고 무산된 일을 반복해 왔다. 양 단체는 통합의 필요성에는 공감하지만 각자의 조직에 유리한 방향으로 통합방안을 고수하는 입장을 표명하는 한편 상호 간의 신뢰를 얻지 못하였다. 대한체육회와 국민생활체육회의 기능적 연계나 자율적 통합을 유도하였으나 근본적인 문제인 대한올림픽위원회의 통합 반대 등의 원인으로 한계에 직면해 있었다. 결국 양 단체의 통합문제는 박근혜 정부에서 재차 부각되어 논의를 하게 되는 상황에 이르게 되었다. 2014년 문화체육관광부는 2013년도 국정감사에서 통합문제에 대한 지적 등을 고려하여 양 단체의 사무차장과 사무총장 회의를 연달아 개최하여 MOU 추진방안에 대한 의견을 교환하면서 양 단체의 통합을 위한 노력을 다시 한번 강구하게 되었고(박주한, 2015), 그 주요 내용은 다음과 같다:

> 문화체육관광부(장관 김종덕, 이하 문체부)는 국민생활체육회의 법정법인화 등을 주요 내용으로 하는 「생활체육진흥법」 제정안(김장실의원 대표발의, '14.2)과, 대한체육회와 국민생활체육회를 통합하는 「국민체육진흥법」 개정안(안민석 의원 대표발의, '14.10)이 2015년 3월 3일 국회 본회의를 통과함에 따라, 양 단체의 순조로운 통합을 위한 기본 방향과 통합 추진 일정 등을 발표하였다. 문

체부는 2015년 4월 중, 대한체육회와 국민생활체육회의 통합 준비 기관인 통합 준비위원회(이하 준비위원회)를 출범시킨다. 준비위원회는 통합 체육단체의 정관 제정, 관련 하부 규정의 정비, 회장 선출, 통합 체육단체의 설립 등기 등의 역할을 수행한다. 준비위원회는 문체부 장관이 임명하거나 위촉하는 15인 이내의 위원으로 구성된다. 위원으로는 양 단체의 충분한 의견 표명의 기회가 보장될 수 있도록 대한체육회 및 국민생활체육회 관계자가 참여하며, 공정한 의사결정이 이루어질 수 있도록 양 단체로부터 중립적인 체육 전문가, 법률 전문가 등이 참여한다. 이에 앞서 문체부는 「준비위원회 설치 및 운영규정(문체부 훈령)」을 3월 중에 제정하여 준비위원회의 구성과 의사결정 등, 절차적 사항에 대해 체육계가 공감할 수 있도록 할 계획이며, 대한체육회, 국민생활체육회 등과 함께 '준비위원회 지원단'을 구성하여 준비위원회의 효율적인 업무 수행을 지원한다(문화체육관광부, 2015.03.04.).

하지만 이러한 추진방안이 구체적으로 밝혀졌음에도 불구하고 양 단체의 사무총장은 다소 견해를 달리하는 입장을 표명하였다. 대한체육회는 이사회와 대의원총회에서 올림픽위원회를 분리하지 않는 조건으로 MOU안을 의결하였으나 국민생활체육회는 올림픽위원회를 포함한 대통합이 자신들의 그동안 입장과는 상반되므로 이사회와 대의원총회에서 보고한 사항으로만 논의하고 종목별 단체와 전문가를 중심으로 단체통합에 대한 내부의견을 조정하고 있는 상태라고 밝혔다. 따라서 과거 몇 차례의 통합논의 과정과 동일하게 대한체육회와 국민생활체육회는 올림픽위원회 분리와 통합 여부를 놓고 줄다리기를 하고 있었으며, 이 안건에 대한 양 단체의 동의가 또다시 연기되면서 문화체육관광부도 통합추진력을 다소 상실하게 되었다. 이러한 상황은 정부의 강력한 통합의지와 중재가 부족하고 근본적인 문제를 해결하지 못하였기 때문이다(박주한, 2015).

정부의 조직개편에 의한 통합과 관련된 선행연구들을 살펴보면 조직 통합 후 조직문화, 정책갈등, 조직혁신 측면에서 조직 내부관리전략을 중심으로 분석한 연구들이 많았다. 정진우(2000)는 재정경제원의 조직통합에 관한 연구를 통해 과거 소속부처를 중심으로 재무부문화라는 하위문화가 존재함에 따라 갈등의 원인이 되고 있음을 분석하였다. 한편 윤건(2011)은 기존 정보통신 관련 기능이 분산되어 있어 부처 간의 관계가 여전히 복잡하게 얽혀있음을 확인하였다. 더불어 이창길, 최성락(2011)은 문화통합이 어느 정도 이루어지고 있으나 정보통신부 출신 직원보다는 방송통신위 출신 직원이 적응에 어려움과 불만을 가지고 있는 것으로 보고하고 있다. 이러한 선행연구들은 통합조직의 효과적인 융합을 위해 다양한 관리전략을 제시하였다는 점에서 그 의의가 매우 크지만 실질적으로 통합조직 내부의 조직 갈등 및 성과에만 치중하고 있다는 점에서 체육단체의 통합과정에서 나타난 문제점들과 비슷한 맥락이며 거시적인 차원의 효과성을 분석하는 것에 그치고 해결책을 제시하지는 못하고 있다.

한편, 체육조직 통합과 관련한 연구들에서 박주한(2015)은 각종 정책회의 및 세미나 자료를 토대로 대한체육회와 국민생활체육회를 중심으로 대한민국 체육단체 조직구조의 변천을 조사하였으며, 정석희(2014) 또한 비슷한 맥락에서 대한민국 체육단체의 유형 및 구조를 파악하고 체육단체 통합을 통한 발전방안을 모색하고자 하였다. 하지만 본 연구와 맥락을 같이 하는 연구 대부분이 기술적인 연구로 국한된다는 점에서 구체적인 방향과 내용을 제시하지 못하는 한계를 갖고 있다. 물론 분석적 계층화법 및 사회연결망 분석을 통해 미시적 연구를 진행하고 구체적인 방향을 제시한 연구도 있었으나 그 수는 매우 적은 것으로 나타났다. 김세환(2014)은 한국체육조직의 통합운영에 필요한 요인을 '인식', '형태', '조정', '행정'과 '재정'으로 나누고 이에 대한 분석적 계층화 과정(AHP)을 통해 한국체육조직의 통합을 위한 정책 실천방안을 제시하였다. 한국체육조직 정부관계자 및 체육단체 임원과 학계 전문가를 분석 집단으로 선정하여 한국체육조직의 통합운영에 필요한 요인과 요인별 상대적 중요도를 객관적으로 도출한 연구도 있다.

현재 대한체육회와 국민생활체육회는 각기 다른 법인으로 존속하다가 2016년부터 통합되었다. 많은 선행연구와 정책 자료를 통해서 체육조직의 문제점과 비효율적인 구조를 개선하여 선진화 구조로 나아가고 있다. 본 연구의 목적은 체육조직의 통합에 따른 정책변동의 요소를 진단하고 구조적으로 나타나는 문제점들을 파악하여 정책변화에 바람직한 방향을 제시하는 데 있다. 따라서 통합체육정책이 가지고 있는 문제점과 비효율적인 구조를 개선하고 선진화 구조로 나아가는 기반이 될 수 있도록 실천방안을 제시하고자 하였다.

2016년 3월 21일부터 대한체육회와 국민생활체육회가 통합되면서 김정행 회장과 강영중 회장이 함께 대한체육회 공동회장 체제를 이루었고 국내 업무는 강영중 회장이, 국외 업무는 김정행 회장이 나누어 맡았었다(대한체육회, 2020a). 이는 대한체육 100년의 역사에서 처음으로 발생한 일이었고, 무엇보다도 정관의 개정이 필요한 상황이었다. 불안정한 조직의 안정화를 위해서 새로운 정관에 따라 2016년 10월 실시된 제40대 대한체육회장 선거에서 이기흥 회장이 당선되었다. 다음의 [그림 3]은 체육단체 통합의 시간적 흐름과 주요 내용들을 정리, 요약한 것이다.

일시	내용
2013년 11월	시·도사무처장 협의회, 체육단체(엘리트-생활-장애인) 통합 건의
2013년 12월	문화체육관광부, 대한체육회(KOC) - 국민생활체육회 간 통합 MOU(안) 제시 KOC 분리를 전제로 하지 않음
2014년 1월~2월	대한체육회(KOC), 통합 MOU(안) 의결(1월 29일 이사회, 2월 28일 대의원총회) - KOC를 분리하지 않는 조건으로 의결
2014년 2월	생활체육진흥법 개정안 발의(김장실 의원 대표발의)
2014년 10월	대한체육회(KOC)와 국민생활체육회 통합, KOC 분리를 포함한 국민체육진흥법 일부 개정안 발의(안민석 의원 대표 발의)
2014년 11월	대한체육회, 국민생활체육회 양 단체 통합 합의문 서명(플라자 합의)
2015년 2월 6일	문체부, 법안심사소위에서 KOC 분리
2015년 2월 11일	대한체육회(KOC), KOC 분리안 반대 성명 발표
2015년 2월 23일	대한체육회(KOC) 대의원총회, 만장일치로 KOC 분리 반대 결의문 긴급 채택 - 대한체육회(KOC) 양재완 사무총장, 국회 교문위 법안심사소위원회 참석해 의견 개진
2015년 2월 24일	국민체육진흥법 개정안(안민석 의원 대표발의), 국회 교문위 수정 가결 - 수정 개정안 법사위 제출 생활체육진흥법 개정안 동시 제출
2015년 3월 2일	국회 법사위 의결
2015년 3월 3일	국회 본회의 의결 - 재적 197명 가운데 성 183인, 반대 3명, 기권 11명으로 가결
2015년 3월 27일	대통령령 공포 - 임시국회에서 통과된 두 법안이 공식적으로 공포됨

일시	내용
2015년 6월 20일	통합준비위원회 구성 및 회의 개시 - 대한체육회가 참여를 거부했으나 일단 일정대로 통준위를 구성해 통합을 위한 회의 시작
2015년 11월 16일	통합준비위원회 정상화 - 대한체육회가 참여함에 따라 통준위가 정상화되면서 통합 작업 가속화
2016년 3월 7일	통합체육회 발기인대회 - 공동회장에 김정행 대한체육회장과 강영중 국민생활체육회장 - 통합체육회의 정관을 승인
2016년 3월 27일	통합체육회 설립, 등기 완료 - 국민체육진흥법이 2017년 3월 28일부터 발효됨에 따라 통합체육회, 문체부 승인을 받아 설립 및 등기 완료
2016년 4월	통합체육회 총회 개최 - 통합체육회 총회 개최를 통해 공식적으로 통합체육회 시대의 시작
2016년 10월 5일	중앙선거관리위원회 주관의 통합체육회 회장 선거 실시 - 10월 31일까지로 되어 있는 공동회장 체제를 마무리하고 새로운 회장 선출

[그림 3] 체육단체통합 배경의 주요 내용

출처: 대한체육회(2020a). 대한민국 체육 100년. 서울: 대한체육회.

2) 민선체육단체의 시대

스포츠가 정치적이어서는 안 된다는 논리는 IOC 헌장에서 비롯되어 스포츠가 정치적 도구로 사용되는 것을 방지하기 위함이다. 우리나라에서도 정치와 체육을 분리해 지방자치 단체장의 겸직을 금지하는 국민체육진흥법 개정안이 입법되었고, 이에 따라 지방체육회장 선거가 처음 실시되었다. 지방자치시대가 1995년부터 시작됨에 따라 지방체육회장도 이제 민선으로 선출한 것이었다. 임기는 2019년부터 2023년 정기총회 전날까지 3년으로 정하였다. 이러한 정책 변동은 2018년 12월 정치와 체육의 엄격한 분리를 통해 지방 체육의 독립성을 확보하기 위해 지방자치단체장과 시 · 도체육회장의 겸직을 금지하는 개정안이 국회를 통과하면서 비롯되었다. '2020년 1월 16일부터 지방자치단체장 또는 지방의회의원의 체육단체장의 겸직금지' 제도가 시행됨에 따라 17개 시·도체육회와 228개 시 · 군 · 구 체육회가 체육단체 장을 민선회장을 선출해야 했다. 이제까지는 자치단체장 또는 기초단체장이 체육회장을 겸직해 왔다. 민선체육단체장의 선거는 대한체육회장 선거와 마찬가지로 직군별에 의한 간접선거로 이루어졌다. 2019년 12월 15일 전라남도 체육회장 선거가 가장 먼저 시행되었고, 2020년 4월 13일 전남 광양시 체육회장 선거를 끝으로 제1기 민선체육회장의 선거가 모두 마무리되었다. 245개 선거에서 단독 후보로 출마한 곳은 절반이 넘는 129개 지역(시 · 도 1개, 시 · 군 · 구 128개)에 이르렀다. 전라북도와 강원 고성군, 강릉시 체육회장 선거에는 무려 5명이 출마해 경쟁률이 가장 치열했다. 여성 후보 당선자는 17개 광역 시 · 도에서는 단 한 명도 없었고, 시·군·구에서는 서울 양천구 체육회장에 당선된 1973년 여자 탁구의 '사라예보의 영웅'인 박미라씨 등 3명인 1.3%에 불과했다(대한체육회, 2020a). 17개 시 · 도체육회장 선거에서 경쟁이 가장 치열했던 곳은 경기도 체육회장 선거였다. 경기도 생활체육회장을 지냈던 이원성 후보가 441표 중 39.46%인 174표를 얻어 신대철 후보(163표)를 11표 차로 누르고 당선되었다. 3위인 이태영 후보도 104표를 획득했다. 부산시 체육회장으로 당선된 장인화 후보는 391표 가운데

78.5%인 307표를 얻어 전국 최다 득표율을 기록했다. 4개월간에 치러진 선거에서 인천광역시의 불법선거운동 혐의, 기부행위 및 기부행위제한 위반 혐의 등 위법행위는 두 건이 발생하였고, 지방체육회 간 상호 협력을 도모하기 위해 2020년 1월 29~31일 민선체육회장들을 대상으로 연찬회를 가졌다(대한체육회, 2020a). 2019년에 실시한 민선체육회장 선거에서 불거진 정책의제는 2016년부터 시작된 체육단체 통합이라는 맥락에 이어진 문제들이 발생하였다. 생활체육과 엘리트체육의 통합이라는 정책변동이 머리부터 합치는 형태였고, 정책적 협의를 도출하지 못한 시·도종목단체의 경우 민선체육회장 선거가 이루어질 때까지 통합조차 제대로 못한 상황에서 종목단체 통합체육회장을 뽑아야 하는 상황이 도래하였다. 이에 따라 여러 단체(수영, 배드민턴 등)들이 통합체육회장을 선출하지 못하는 상황에서 문제단체로 낙인되는 경우들이 발생하였다. 이런 정책문제의 흐름에 대안으로 제시된 것은 통합단체가 결성된 단체는 지원금을 보장하고 그렇지 못한 단체에는 지원금을 줄 수 없다는 정책적 합의로 통합과 민선체육회장을 선출하게 만들었다.

대한체육회(2020a)는 정보의 공유와 업무 효율성을 높이기 위해 전국 17개 시 · 도체육회장 협의회와 전국 시·군·구 체육회장 협의회를 구성하였다. 이것은 지방체육회 정보교환 및 교류, 지방체육회 발전방안 모색, 그리고 대한체육회와의 가교역할을 하기 위해서였다. 17개 시 · 도 체육회장협의회장에는 광주시생활체육회장, 대한체육회 생활체육위원회 위원장 등을 역임한 김창준 광주광역시체육회장이 만장일치로 추대되었다. 한편, 대한체육회는 지방체육의 재정확립을 위해 2020년 6월 23일 서울올림픽파크텔에서 '국민체육진흥법 개정 추진위원회' 발대식을 갖고 본격적인 활동에 나섰다. 이 발대식에서 이루어진 국민체육진흥법 개정의 주요 골자는 첫째, 임의단체 지위인 지방체육회(17개 시·도체육회, 228개 시·군·구 체육회)의 법적 지위를 개선하는 것이고 둘째, 정부 재정지원 대상에 포함시켜 지방체육회의 안정화를 도모하며 셋째, 체육진흥 투표권 수익금 중 일부를 대한체육회로 우선 배분해 체육계 현안 '국민체육복지 서비스 미흡, 학교운동부 및 직장운동경기부 해체, 체육인 일자리 부족 및 처우 개선 등'을 해결하기 위한 체육재정의 안정적 확보를 주요 내용으로 담고 있다.

지방체육단체는 대한체육회 산하의 임의단체이면서 국비와 지방비를 보조받는 단체로 오랫동안 불안정한 조직으로 체육 관련 많은 예산을 집행하고 있었다. 그동안 체육단체와 관련된 여러 가지 사건들이 벌어지면서 개혁의 대상으로 여겨졌던 것이 사실이다. 그러나 지방체육단체와 그 산하에 있는 회원종목단체들의 안정적인 조직구조에 대한 개편에는 적극적이지 못하였다. 이에 대한체육회(2020b)는 지방체육회가 임의단체의 지위지만 지방자치단체장이 당연직으로 체육회장을 겸직했던 과거와 달리 민선체육회장 체제 이후, 그 위상이 저하될 것을 염려했고, 실제 많은 지방체육회에서 2021년도 예산이 감소하는 등 예산확보에 어려움을 겪고 있다며 2020년 6월 23일부터 지방체육회장을 중심으로 국민체육진흥법 개정 추진위원회(51명)를 구성하고 국회, 문화체육관광부 등 관계부처에 지방체육회 법정법인화 필요성을 설명하는 등 입법 활동을 전개하였다. 이에 지방체육회(17개 시·도체육회, 228개 시·군·구체육회)를 법정법인화하고, 지방체육회 운영비 지원 근거 등을 담은 국민체육진흥법 일부개정법률이 2020년 12월 8일에 공포되었다.

국민체육진흥법 개정 법률(2020년 12월 8일 공포) 주요 내용

이번에 개정된 국민체육진흥법은 제2조, 제5조, 제18조, 제22조, 제33조의2가 핵심이다. 지방체육회를 법정법인화하고 안정적 재원확보의 근거를 마련한 것이다. 지방체육회와 관련한 국민체육진흥 일부개정법률 주요 내용은 다음과 같다.

○ 제2조(정의) 가목 "체육단체 대상"에 시·도체육회 및 시·군·구 체육회(지방체육회)를 포함

○ 제5조(지역체육진흥협의회) 임의기구였던 지역체육진흥협의회를 설치하여 지방자치단체와 지방 체육회의 원활한 협의를 유도

○ 제18조(지방자치단체와 학교 등에 대한 보조) 2항에 "지방 체육회"를 지방자치단체의 운영비 보조대상으로 추가하고, 운영비 지원에 관한 사항은 조례로 정하도록 함

○ 제22조(기금의 사용) 1항에 "지방 체육회"를 추가하여 기금 사용 대상에 포함

○ 제33조의2(지방 체육회)를 신설하여 지방 체육회를 법인으로 하고 지역사회의 체육 진흥에 관한 사업과 활동을 명시하였으며, 지방 체육회장 선거를 지역 선거관리위원회에 위탁하도록 함

동 개정 법률은 공포일로부터 6개월이 경과한 2021년 6월 9일 시행되며 지방체육회는 법 시행일 전날까지 법인 설립을 완료해야 한다.

[그림 4] 국민체육진흥법 개정 법률

출처: 대한체육회(2020b). 지방체육회 법정법인화 국민체육진흥법 일부 개정 법률 12월 8일 공포. Retrieved from https://www.sports.or.kr

CHAPTER 3
연구방법

CHAPTER 3 연구방법

본 연구의 목적은 Kingdon의 다중흐름모형 관점에서 통합체육정책을 실시한 2016년 전후의 정책변동과정을 체계적으로 살펴보고, 향후 체육정책 수립에 따른 실천방안을 제시하는 것에 있다. 본 장에서는 이러한 연구 목적을 달성하기 위한 연구방법론(methodol-ogy) 이 기술되었다. 연구의 핵심인 통합체육정책에 따른 정책변동과정을 다원적으로 이해하기 위해 혼합연구 방법(mixed method re-search)의 기법을 사용하였다. 자료수집은 표적집단면접(Focus Group Interview: 이하 FGI), 설문조사, 체육정책 관련 문헌조사로 이루어졌으며, 자료분석은 질적 자료에 대한 근거 이론(grounded theory) 접근과 양적 자료에 대한 통계분석(statistical analysis)이 통합적으로 이루어졌다.

1 연구 디자인

본 연구는 2000년 이후 실시된 체육정책의 변동을 다각적으로 접근하기 위하여 혼합연구 방법을 사용하였다. 혼합연구의 방법은 Greene(2007)이 제안한 혼합연구의 네 가지 형태(iteration, blending, nesting, mixing for reasons of substance) 중 Blending 즉, '결합'의 방식을 취하고자 한다. 이 방식은 상호보완적인 목적으로 두 가지 다른 연구방법이 혼용되어 사용되는 것을 의미하며 두 가지의 연구방법이 동등한 중요도를 가질 때 사용된다.

이러한 혼합연구의 이론에 근거하여 본 연구는 두 가지 연구방법을 혼합적으로 사용하였다. 첫째, 관련 전문가를 대상으로 한 표적집단면접을 통해 통합체육정책 실시 전후의 정책변동과정을 질적으로 분석하고 그 의미와 문제점을 밝혀내었다. 둘째, 표적집단면접을 통해 나타난 결과를 바탕으로 통합체육의 정책적 이슈들에 대한 체육관련 지자체 및 기초단체 관계자(직원, 선수, 동호인)를 대상으로 설문조사를 실시하였다. 표적집단면접 연구결과와 설문조사 연구결과의 통합적 분석을 통해 최종적으로 통합체육정책의 의사결정과정 및 체육정책의 변화에 대한 인식조사와 효과성을 [그림 5]와 같이 실시하였다.

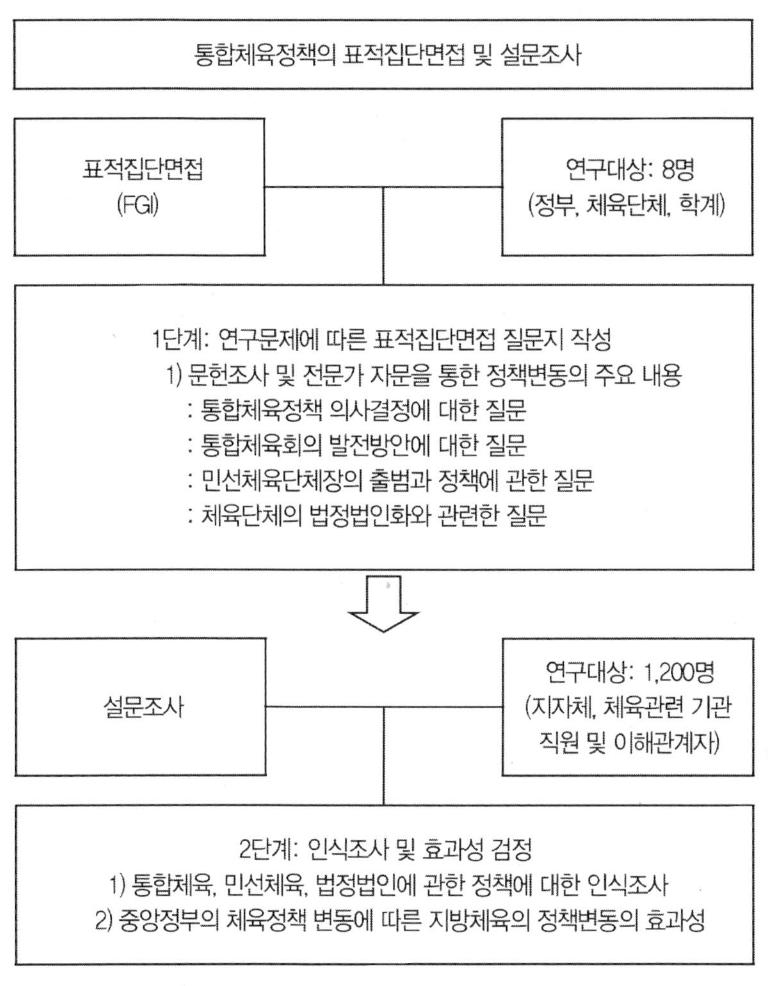
통합체육정책의 표적집단면접 및 설문조사
표적집단면접
(FGI)
연구대상: 8명
(정부, 체육단체, 학계)
1단계: 연구문제에 따른 표적집단면접 질문지 작성
1) 문헌조사 및 전문가 자문을 통한 정책변동의 주요 내용
: 통합체육정책 의사결정에 대한 질문
: 통합체육회의 발전방안에 대한 질문
: 민선체육단체장의 출범과 정책에 관한 질문
: 체육단체의 법정법인화와 관련한 질문
설문조사
연구대상: 1,200명
(지자체, 체육관련 기관
직원 및 이해관계자)
2단계: 인식조사 및 효과성 검정
1) 통합체육, 민선체육, 법정법인에 관한 정책에 대한 인식조사
2) 중앙정부의 체육정책 변동에 따른 지방체육의 정책변동의 효과성

[그림 5] 연구 디자인

2 연구 참여자

본 연구에서는 표적집단면접을 위해 통합체육정책 관련 전문가 총 8명을 대상으로 하였다. 구체적으로 체육단체 직원 1명, 학계 전문가 5명, 언론인 1명, 실무전문가 1명으로 구성하였다. 전문가를 선정함에 있어 가장 중요한 문제는 '누가 전문가인지'를 결정하는 과정이다. 전문가 집단은 참여자의 대표성, 적절성, 전문성, 성실성, 그리고 참가자의 수 등을 고려해야 한다(윤미숙, 2003). 또한 전문가를 선정하기 위해서는 다음의 조건이 필요한데, 첫 번째는 연구 분야에 대한 기본적인 지식과 그 지식의 적용 능력이다. 두 번째는 연구 분야에 대한 합리적이고 객관적인 접근 능력이며, 세 번째는 해당 분야의 성과나 실적의 우수성이다. 마지막 네 번째는 연구가 진행되는 동안 참여할 수 있는 시간의 확보이다.

본 연구의 참여자들은 통합체육, 민선체육, 법정법인에 관한 정책의 실시과정에 직간접적으로 참여하였으며, 당시 정책의 변동과정에 대해 이론적 혹은 실무적으로 지식과 경험이 비교적 풍부하였다. 표적집단면접 참여자의 소속과 전문분야는 [표 3]과 같다.

[표 3] 표적집단면접 연구참여자 배경정보 및 전문분야

구분	소속	전문분야
패널1	'A' 대학교수	통합추진위원
패널2	'K' 정책과학원 연구원	체육정책담당관
패널3	대한체육회 직원	통합추진위원
패널4	'B' 대학교 교수	대학 교수
패널5	'C' 대학교 교수	지역통합추진위원
패널6	'M' 신문사 기자	언론인
패널7	대경연구원 선임연구원	정책연구원
패널8	직장운동경기부 감독	실무전문가

[표 4] 조사대상자의 일반적 특성

구분		N(명)	%(백분율)
거주지역	'ㅈ'구	53	4.7
	'ㄷ'구	139	12.2
	'ㅅ'구	56	4.9
	'ㄴ'구	34	3.0
	'ㅂ'구	174	15.3
	'ㅅㅅ'구	284	24.9
	'ㄷㅅ'구	282	24.8
	'ㄷㅅ'군	117	10.3
	합계	1139	100.0
성별	남자	732	64.3
	여자	407	35.7
	합계	1139	100.0
연령	20대	122	10.7
	30대	194	17.0
	40대	405	35.6

	50대	358	31.4
	60대 이상	60	5.3
	합계	1139	100.0
직업	지도자	341	29.9
	선수	93	8.2
	동호인	448	39.3
	시·군·구직원	13	1.1
	체육회직원	80	7.0
	종목단체 관계자	102	9.0
	이해관계자	17	1.5
	기타	45	4.0
	합계	1139	100.0

3 자료 수집

1) 문헌조사

본 연구는 2000년 이후 실시된 체육정책의 변동과정을 Kingdon의 다중흐름모형 분석을 통해 살펴보았다. 이에 따라 체육과 관련된 정책의 전개과정에서 나타나는 문헌들을 중심으로 질적연구를 실시하였다. 구체적으로는 문화체육관광부 및 대한체육회에서 발표한 보도자료와 공개자료 및 발간된 문헌, 각종 연구보고서, 정부 간행물, 국회 국정 감사자료, 박사학위 중심의 미간행 학위논문, 한국연구재단 등록 또는 등록후보지에서 간행된 연구논문, 체육단체 내부자료 등을 통한 2차 자료 수집을 실시하였다. 또한 통합체육정책과 관련하여서는 전문체육과 생활체육이 서로 상반된 입장에서 갈등이 있었기 때문에 두 단체에 소속된 통합체육회 위원들 및 자문위원들과의 전화통화 및 개별 면담을 통해 의견을 수렴하였다. 추가적으로 연구자가 실무에서 보유하고 있던 비공개 자료 등도 2차 자료 수집 대상으로 선정하여 문헌조사를 실시하였다. 정책의 입안과 결정사항 등은 국회 공식발표자료 및 언론사의 기사와 기고 등을 참고하여 사실 여부를 판단하여 참고하였다.

2) 표적집단면접

표적집단면접은 중간 규모의 그룹을 위한 주된 면담 유형으로 간주하며, '연구자에 의해서 결정된 주제에 대한 그룹의 상호작용을 통해 자료를 수집하는 연구 기술'로 정의된다(Morgan, 1996). 이는 조직의 특정한 문제를 해결하기 위해 전문가 집단이 의견의 일치를 볼 때까지 반응을 체계적으로 분석하고 종합하는 조사방법이다(고재윤, 정미란, 2006; 권태일, 2008). 표적집단면접에서는 연구자가 면담을 이끌지 않으며 면담을 진행할 중재자(moderator)를 이용하여 면담을 하였다. 면담은 집단면담의 형태로 진행되지만 단순한 의미에서 각 개인을 한 집단으로 놓고서 면담하는 것과는 달리 어떤 주제에 대하여 면담자들로 하여금 핵심적으로 토론하고 고민하게 한다는 측면에서 다른 일반적인 집단면담과 다르다(김영천, 한광웅, 2012).

표적집단면접은 A광역시 체육회관 제2회의실에서 약 3시간에 걸쳐 진행되었다. 모든 면담 내용은 연구 참여자들에게 사전 동의를 구한 후, 디지털 보이스 레코더(Olympus, WS-500M) 2대를 통해 녹음하였으며 전사 후 파일을 삭제하였다. 또한 녹취한 것만으로는 연구자의 태도와 전반적인 분위기를 전사하는 것에 어려움이 있기 때문에 캠코더(소니 PXW-FS5M 2K) 1대를 사용하여 면담자를 관찰하였다.

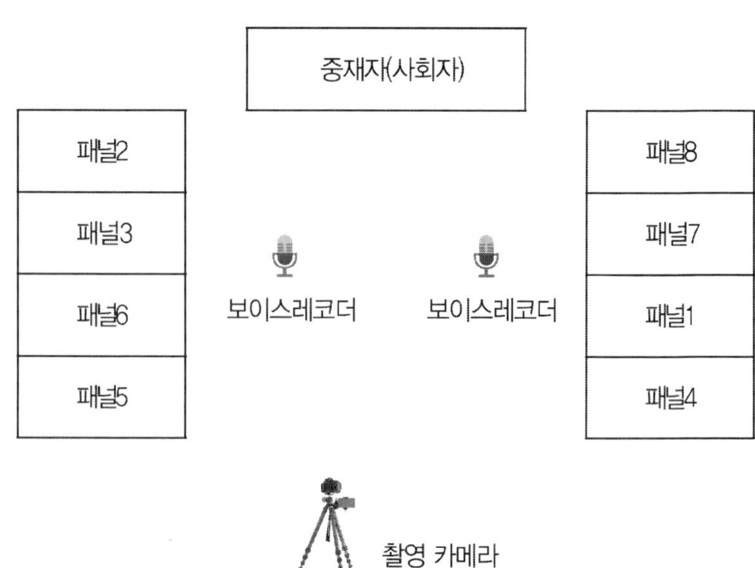

[그림 6] 표적집단면접 구성 및 참여자 배치

연구참여자들은 통합체육추진위원회에서 전문체육분야와 생활체육분야가 함께 참여하였기 때문에 통합정책과 민선체육, 법정법인화와 관련된 문제에서 상반된 의견을 내놓거나, 당시의 정책문제에 대해 의견을 감출 수 있는 경향이 우려되었다. 표적집단면접 중재자(mediator)의 역할이 매우 중요한 부분이다. 따라서 표적집단면접을 실시하기 전 3차례 이상 회의를 통해 연구문제에 대해 의논을 하고 정책문제에 대한 의견을 이야기할 수 있는 분위기를 만들기 위해 많은 노력을 하였다.

3) 설문조사

본 연구에서는 체육조직의 통합에 관한 2차 자료 및 문헌 조사를 통해 Kingdon의 다중흐름모형 분석을 활용하여 정책변동의 주요 요소들을 도출하였다. 또한 전문가들의 표적집단면접을 통해 주요 체육정책의 변동요인으로 도출된 '체육단체통합과 체육정책', '체육단체통합의 효과'라는 두 가지 차원으로 구분될 수 있었다. 또한 체육단체통합과 관련된 세부적인 내용들은 총 13개의 하위 요소를 포함하고 있으며, 체육단체통합의 효과와 관련된 세부적인 내용은 10개의 하위 요소로 민선체육단체 및 지방체육단체의 법정법인화와 관련된 정책이 설문 문항으로 포함되어 있다. 측정도구로 사용된 설문지의 구성은 [표 5]와 같다.

[표 5] 측정도구의 구성

구성 지표	구성 내용	문항수
인구통계학적 특성	거주지역, 성별, 연령, 직업	4
체육단체통합과 체육정책	중앙정책, 지역정책, 통합의견, 기대효과, 경제적 효과, 역할과 기능, 통합유형, 행정효율, 정치적 분리, 엘리트체육 인식, 소통, 재정자립, 조직형태	13
체육단체통합의 효과	엘리트체육활성화, 생활체육활성화, NOC 위상, 체육복지, 기능과 역할 증진, 생활체육 위축, 엘리트체육 위축, 법정법인화, 민선체육단체, 지역정책대응	10
총 문항 수		27

[표 5]에서 나타난 바와 같이 측정도구의 구성은 인구통계학적 특성 4문항과 체육단체통합과 체육정책관련 13문항, 체육단체통합의 효과성관련 10문항으로 총 27문항으로 구성하였다. 즉, 표적집단 면접을 통해 나타난 정치적 이슈들에 대한 문제들을 두 가지 차원에서 설문내용을 구성하였다. 첫째는 체육단체통합과 관련하여 지역에서 반응하는 체육정책의 전반적인 상황과 이해관계자들의 인식을 조사하는 내용으로 구성하였다. 구체적으로는 중앙의 체육정책과 지역의 체육정책이 함께 이루어지고 통합에 대한 의견을 묻고 그에 따른 기대효과와 경제적 효과, 행정업무에 관한 내용들로 구성하였다. 둘째는 체육단체의 통합에 따른 효과성 차원에서 이해관계자들이 인식하는 내용으로 구성하였다. 즉, 체육단체의 통합에 따른 엘리트체육과 생활체육의 변화 또는 기능과 역할, 민선체육단체 및 법정법인화와 지역에서의 체육정책에 대한 반응으로 구성하였다. 이를 통해 구성된 설문지는 통합체육의 정책적 이슈들에 대한 체육관련 지자체 및 기초단체, 체육단체 직원, 선수, 동호인들을 대상으로 설문조사를 실시하였다.

4 자료 분석

먼저 표적집단면접 인터뷰를 통해 수집된 자료는 근거이론(grounded theory)의 방법을 통해 분석되었다. Blumer(1969)에 의해 구체화된 상징적 상호작용론을 기반으로 한 해석학적 방법론 중 하나인 근거이론은 실제 현상을 이해하는 데 도움이 되는 이론이 형성되지 않았거나 기존의 선입견이 현재의 이론을 분리시키거나 현장에서 공유되는 암묵적 지식을 파악하여 학문과 실제 현장의 폭을 줄이는데 유용한 연구 방법이다(Locke, 2007).

특히 Charmaz(2006)의 근거이론은 연구자가 수집한 자료 그 자체에 근거를 두고 이론을 생성하는 질적 연구방법으로, 이론을 구성하기 위해 다양한 자료를 수집하고 분석하는 데 체계적이며 유연한 지침이다. 또한 Strauss와 Corbin(1990) 등, Charmaz(2006) 이전의 근거이론가들의 견해와는 달리 Charmaz의 근거이론은 구성주의적 인식론적 입장을 취하고 있으며, 자료 수집과 분석의 과정에서 연구자의 개입을 인정한다. 특정 현상에 대한 하나의 이론을 만드는 과정에서 모든 자료를 수집하고 분석하는데 연구자는 완전히 분리되지 않고 관련이 있기 때문이다. 즉, 본 연구는 객관주의 근거이론에서 주장하는 일반화가 가능한 이론의 도출을 목적으로 하는 것이 아닌, Kingdon의 다중흐름모형의 관점으로 수집된 자료를 Charmaz(2006)의 근거이론 방법에 따라 분석하여 연구 참여자들의 경험과 생각을 이해하였다. 체육정책에 대한 다중흐름모형 분석의 틀은 [그림 7]과 같다.

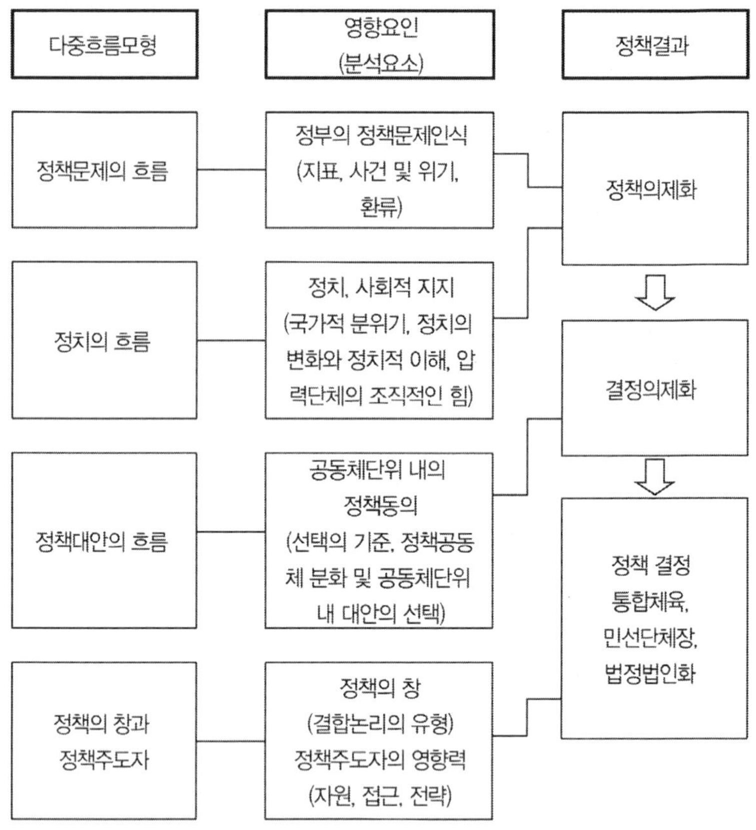

[그림 7] 체육정책에 대한 다중흐름모형 분석의 틀

체육정책의 변동과 관련하여 수집된 자료는 Charmaz(2006)의 분석절차에 따라 초기코딩(initial coding), 초점코딩(focused coding), 이론적 코딩(theoretical coding)의 과정을 통해 분석되었으며, 분석의 전 과정에서 메모 쓰기가 이루어졌다. 또한 지속적 비교(constant comparative method), 분류(sorting), 이론적 민감성(theoretical sensitivity) 과정 역시 코딩과 분석 전반에 걸쳐 실시하였다.

한편, 양적연구를 위해 지방체육단체와 관련된 이해관계자 집단(지자체 및 기초단체 공무원, 시·군·구체육회 직원, 지도자, 심판, 선수, 동호인)들에게 설문조사를 실시하였고, 인구통계학적 특성과 '체육단체통합과 체육정책', '체육단체통합의 효과'에 대한 자료 분석은 PASW 18.0 통계프로그램을 이용하였으며, 구체적인 분석방법은 기술분석(descriptive analysis)과 빈도분석(frequency analysis), 요인분석(factor analysis)과 신뢰도 검증, 교차분석(cross tab analysis), 독립표본 *t*-검정(independent samples t-test), 일원변량분석(One-way ANOVA)을 사용하였다.

5 연구의 신뢰성

혼합 연구에서 신뢰도를 높이기 위한 일련의 노력은 연구자가 현장에 대해 얼마나 이해를 하고 있는가?, 현장으로부터 수집된 자료와 분석이 현장과 긴밀한 관계를 맺고 있는가?, 그리고 연구자가 이를 통해 기술한 결과가 현장을 깊이 있게 파악하였는가? 와 관련된다. Glesne(2006)은 연구자들이 신뢰성 있는 연구 결과를 쓰기 위해서는 분석 단계 이후에 이를 확인하는 작업이 필요하며, 신뢰성이 확보된 연구는 현장을 잘 반영하고 있음을 의미한다고 하였다. 이에 연구자는 다양한 방법을 통해 현장을 이해하고 연구의 신뢰성을 높이고자 Merriam(2009)의 신뢰성을 확보하는 방법에 따라 동료 검토, 감사 추적, 삼각 검증을 실시하였다.

먼저, 동료 검토(peer examination)는 연구자 개인이 연구를 하는 동안 기존에 가지고 있는 고정관념이나 선입견이 연구에 영향을 줄 수 있는 가능성과 연구를 하는 과정에서 범할 수 있는 방법적, 해석적, 절차적 오류를 줄이고자 하는 데 유용하다(Lincoln & Cuba, 1985). 혼합 연구에 대한 경험을 가지고 있고, 본 연구의 전반적인 과정을 평가해 줄 수 있는 2명을 선정하여 이루어졌으며, 분석과 결과를 중심으로 3회에 걸쳐 외부 연구자의 점검을 받아 연구의 신뢰성을 확보하였다.

둘째, 감사 추적(audit trail)은 선임 연구자가 연구자의 연구를 평가하는 것으로 본 연구의 감사추적 대상자인 지도교수는 연구의 논리, 자료 수집 방법의 적절성, 분석 방법 및 분석 틀에 대한 적합성, 데이터와 연구 결과의 밀착성, 연구자의 주관성 등을 중점적으로 평가하였다. 또한 자료 분석과정뿐만 아니라 연구 전반에 걸쳐 실시하였던 메모쓰기를 토대로 새롭게 생성된 아이디어나 주제와 직접적인 관련은 없으나 간접적인 영향을 주고 있는 요인들에 대해 논의하는 과정을 통해 신뢰성을 높이고자 노력하였다.

셋째, 삼각검증(triangulation)은 다양한 연구방법을 통해 현상을 이해함으로써 연구의 신뢰성을 높일 수 있는 방법이다(Mathison, 1988). 본 연구는 더 깊이 있고 정확하게 연구 주제에 대해 이해하고자 특정된 한 가지 방법보다 다양한 연구방법을 통해 연구의 신뢰성을 높이고자 노력하였다. 즉, 표적집단면접만으로는 통합체육정책 관련 전문가들의 경험과 생각을 이해할 수 없으며 설문조사 역시 마찬가지이기 때문에 본 연구는 표적집단면접과 설문조사를 함께 실시하여 자료 및 결과의 신뢰성을 높이기 위해 노력하였다.

CHAPTER 4

다중흐름모형에 의한 통합체육의 변동

CHAPTER 4 다중흐름모형에 의한 통합체육의 변동

우리나라의 체육조직은 2000년 이후 통합이라는 정부의 정책으로 인해 그동안 조직의 분화와 결합에 대한 종점을 찍었다. 1962년 국민체육진흥법이 개정된 이후 법적 지위를 확보한 대한체육회와 1988년 서울올림픽 이후 생활체육의 활성화와 함께 출범한 국민생활체육회는 협력과 갈등의 연결고리에서 조직의 통합 및 분리에 대한 쟁점이 있었다. 두 단체 모두 정부의 행정조직은 아니다. 그렇지만 체육과 관련된 예산을 집행하고 공익사업을 추구해야 하는 입장에서 각각 특수법인과 사단법인으로 존재하고 있었으며, 국민생활체육회의 법적 지위 확보라는 명분 아래 2016년 체육단체 통합이라는 역사적 흔적을 남겼다. 아울러 함께 이루어진 국민체육진흥법의 개정에서는 지자체장 또는 기초단체장이 체육회장을 겸직할 수 없다는 체육의 '정치적 분리'라는 명분도 함께 맥을 이어왔다. 이에 따라 2020년 현재 정부 또는 지방자치단체의 하부조직으로 체육예산을 집행하던 지방체육단체는 법적으로 지위가 확보된 단체도 아니며 행정기관의 하부 조직도 아닌 단체가 되었다. 이에 본 연구에서는 통합체육 및 민선체육의 정책적 변동과 지방체육단체의 변동과정을 표적집단면접을 통해 Kingdon의 다중흐름모형에 의해 분석하고자 하였다.

1 정책문제의 흐름

지방체육단체는 통합체육에 따른 정책의 변화와 정치적 변동 및 민선체육단체라는 시대적 고립 상태에 놓여 있다. 통합의 형태 및 절차에서 김지희(1997)는 조직통합을 하고자 하는 해당 조직의 업무 특성에 따라 통합의 구조적 형태는 변화된다고 하였다. 즉, 통합 대상들의 업무가 상호 독립적인가? 혹은 교류적인가? 또는 순차적인가? 에 따라서 통합조직의 구조가 다르게 나타난다고 하였다. 대한체육회는 출범 이후 국가올림픽위원회(NOC)와 '통합→분리→통합'의 과정을 되풀이하였으며 생활체육의 활성화와 함께 '국민생활체육협의회'가 탄생을 하게 되었다. 국민생활체육협의회는 체육계의 반발에도 불구하고 서울올림픽 이후 국민생활체육의 활성화라는 명분으로 발족되어 오늘날에 이르고 있고, 양 단체는 상호 유리한 통합 입지 구축을 위한 명칭변경 등 다양한 노력을 기울여 왔다. 이에 대한체육회와 대한올림픽위원회(KOC)가 통합된 이후 2016년에는 국민생활체육회까지 모두 통합하는 법이 국회를 통과하면서 체육단체의 통합 및 민선체육단체가 출범하기에 이르렀다.

사회자: 민선 체육단체장이 법에 의해 가지고 국회의원이나 또는 지방자치단체장이 체육회의 장을 겸임할 수 없다는 관계된 법령에 의해 가지고 새롭게 선출된 지 1년이 되어가고 있습니다. 1년이 되어가고 앞으로 또 2년이 더 남았는데 아무래도 또 1년이라는 세월이 이전에 있었던 어떤 그 겸직을 했던 그 단체장님들의 정책이라든가 또는 개인이 지속해서 역임해왔다고 한다고 그러면 새롭게 맞이하는 이제 새해는 민선 단체장의 어떤 의중이나 또는 의견이나 계획들이 많이 반영되고 또 새롭게 성과를 내야 한다는 그러한 압박감도 잘은 모르겠지만 모두들 갖고 있는 것 같습니다. 그래서 지금 현재 지자체에서는 다양한 방법으로 새로운 기획이라든가 또는 어떤 성과라든가 또는 어떤 그 비전 발표식 같은 다양하게 하고 있는 또는 이런 공통된 그런 배경을 가지고 있습니다.

체육단체의 통합을 위한 노력은 역대 각 정부의 출범 초기 정책에 반영되어 추진되어 왔다. 체육단체의 분리와 통합은 김대중 정부에서 문제가 제기된 이후 노무현 정부와 이명박 정부 초기에 활발한 논의가 있었으나 결실을 맺지 못하였다. 2003년 이후 대한체육회는 체육회와 KOC의 단일화를 목표로 '대한올림픽체육회'로 명칭변경을 시도한 바 있었지만 결국은 대한체육회로 명칭을 변경하였고, 국민생활체육협의회의 법정법인화는 체육조직의 이원화를 영구 고착시키는 결과를 가져올 수 있다는 것을 근거로 반대하였다(박주한, 2015). 즉, 체육조직의 대통합을 위한 조건이라면 법정법인화를 수용하되 영구법인화는 반대하는 공식적인 입장을 고수하였다. 한편 국민생활체육협의회는 우선적으로 국회의원의 서명을 받아 국민체육진흥법을 개정하여 법정법인화를 목표하고 있고, KOC의 분리 독립을 요구해 왔다. 더불어 2009년 생활체육단체가 느슨한 협의체 조직처럼 비추어진다는 지적에 따라 국민생활체육회로 명칭을 개정하여 중앙조직의 구심력을 강화하였다. [표 6]은 2000년부터 정부의 주도로 거론되어온 체육단체의 통합과정에서 나타난 정책문제의 흐름과 체육단체 통합, 민선 체육단체의 출범까지의 정부 정책의 흐름을 나타내고 있다.

[표 6] 정책문제의 흐름: 정부주도 체육단체 통합과 민선 체육단체

정부	국민의 정부 (김대중)	참여 정부 (노무현)	이명박 정부	박근혜 정부	문재인 정부
시기	1998년~ 2003년	2003년~ 2008년	2008년~ 2013년	2013년~ 2017년	2017년~ 2022년
정책 변동	• 2002년 국민생활 체육회 법정법인화 이슈	• 2006년 이사회에서 통합안 통과했으나 최종 협의 무산 • KOC 분리 법인화 및 대한체육회, 국민생활체육회 통합 법안	• 2013년 문화체육관광부 주도 통합 양해각서 체결	• 2015년 3월 통합 국민체육진흥법 개정안 국회 통과 • 2015년 3월 생활체육 진흥법 제정으로 국민생활체육회의 법정법인화 • 2016년 통합체육회 출범	• 지자체장 체육단체 겸직금지법 (국민체육 진흥법 개정안) 2018년 9월 국회 본회의통과 • 민선체육 단체 출범 (2020.1) • 지방체육회 법정법인화 (국민체육 진흥법 개정안)
주도자	• 이강두의원 (2002)	• 안민석의원 발의 (2005.9)	• 이경재의원 대표발의 (2009.7)	• 김장실의원 대표발의 (2014.2) • 안민석	• 이동섭의원 발의 (2016.12) • 이동섭

	의원 대표 발의 (2014.10)	의원 대표발의 (2019.7) • 이상헌 의원 추가 대표발의 (2020.7)

[표 6]에서 나타난 바와 같이 대한체육회가 출범한 이후 2000년부터 2020년까지 21년 동안 5차례의 정부가 바뀌면서 체육정책에도 많은 변화가 나타났다. 핵심적인 사항은 2002년, 2006년, 2009년 3차례에 걸쳐서 대한체육회와 국민생활체육회를 통합하기 위한 정부주도의 정책변동이 있었다. 그렇지만 대한체육회의 반발과 합의점을 도출하지 못하여 무산되었다. 체육단체 통합에 대한 오랜 숙원은 박근혜 정부가 출범한 이후 탄력을 받았으며, 2014년 2월 김장실 의원의 대표발의와 2014년 10월 안민석 의원의 대표발의를 통해 국민생활체육회의 법정법인화를 위한 생활체육진흥법의 제정이 이루어졌고, 대한체육회와 국민생활체육회의 통합에 대한 국민체육진흥법의 개정안이 통과되어 2016년 통합체육회가 출범하기에 이르렀다. 하물며 체육단체의 통합은 '체육과 정치의 분리'라는 IOC헌장에 입각하여 2016년 12월 이동섭 의원의 발의를 통해 '지자체장 체육단체 겸직금지법(국민체육진흥법 개정안)'이 국회를 통과하면서 체육단체의 혁신적인 변화가 일어났다. 또한 민선 체육단체장이 법적인 지위와 안정적 행정조직으로 존재하지 못한 상태에서 2019년 7월 이동섭 의원에 의해 지방체육회 법정법인화(국민체육진흥법 개정안)에 대한 발의가 있었고, 2020년 7월 이상헌 의원의 추가적인 발의가 있었다.

사회자: 우리 스포츠계의 현재와 미래를 긍정적으로 간파할 수 없는 몇 가지 상황들이 현재 진행형으로 우리나라의 체육계를 걱정의 와중으로 함께 하겠습니다. 그중에서도 현재 그 스포츠계의 가장 혁신적인 조직과 이 사회의 불안정감이 2016년 전문체육과 생활체육의 통합으로 시작되는 통합체육단체의 목적사업 운영에서 계속되고 있다는 우려를 아직도 우리는 해결하지 못하고 있습니다. 다양한 각도의 체육단체장이 '겸직금지규정'에 따라서 민선체육단체장의 시대로 들어서면서 그 성향과 복지를 위한 스포츠 행정의 시대에서 사업과 이익을 통해서 재정적 독립을 성과로 해야 한다는 스포츠경영의 시대로의 변화가 요구되고 있습니다. 하지만 스포츠 단체 내에서 목적의 차이로 인한 구성 간의 갈등으로 조직의 효율성은 점점 떨어지는데 복지에서 이익을 위한 겸용으로의 전환을 요구받는 내부적 성과를 보면 아직도 우리 스포츠의 최종 수혜자라고 할 수 있는 구민과 시민들에게 양면적인 혼란을 부추기고 있으면서도 행정과 경영의 모순에서 적절한 방향을 찾지 못하고 있습니다.

2014년 문화체육관광부는 2013년도 국정감사에서 통합문제에 대한 지적 등을 고려하여 양 단체의 사무차장과 사무총장 회의를 연달아 개최하여 MOU 추진방안에 대한 의견을 교환하면서 양 단체의 통합을 위한 노력을 강구하였다. 문화체육관광부(2014.02.11.)는 국민생활체육회의 법정법인화를 지지하고, 대한체육회장의 임기가 만료되는 2017년 1월까지 통합을 완료한다(2016년 1월까지 임기가 만료되는 국민생활체육회 회장의 임기는 1년으로 연장한다). 또 각 지방 및 종목별 단체는 자율적 통합을 지향하였다(박주한, 2015). 또한 직원들 고용을 안정적으로 유지하고 예산, 기능에 있어서 동등하게 통합하도록 하였다. 국민생활체육회의 법정법인화와 통합단체 출범 등의 법적 근거를 마련하기 위하여 MOU 체결 후 빠른 시일 이내에 국민체육진흥법을 개정하였다(박주한, 2015). 그리고 양 기관의 구속력 있는 이사회와 대의원총회의 의결을 거쳐 대외에 공포해야 한다는 강제력이 있는 제도를 시행하였다.

하지만 이러한 문화체육관광부의 구체적인 방안이 밝혀졌음에도 불구하고 양 단체의 입장은 달랐다. 대한체육회는 이사회와 대의원총회에서 대한올림픽위원회(KOC)를 분리하지 않는 조건으로 MOU안을 의결하였고, 국민생활체육회는 대한올림픽위원회(KOC)를 포함한 대통합이 자신들의 그동안 입장과는 상반되므로 이사회와 대의원총회에서 보고사항으로만 논의하고 종목별 단체와 전문가를 중심으로 단체통합에 대한 내부의견을 조정하고 있는 상태라고 밝혔다.

> 사회자: 올림픽대회나 전국 체육대회 그리고 각종 대회 연기로 선수들의 걱정과 근심 또 지방체육단체의 걱정과 메달을 요구하는 각개의 목소리와 각 지역의 목소리, 체육단체장의 선거규정이 정직이냐 휴직이냐, 아니 정직이냐, 사직이냐를 놓고서는 개정이 있고 통합체육단체 조직 내의 갈등해소, 안정적 재원 마련을 통한 전문체육과 생활체육의 지속적인 발전에 대한 기대, 스포츠와 정치 간에 쌍방 간의 불신, 스포츠 지도자들이 안정적 신분 보장과 은퇴선수의 사회적 역할 회복을 위한 노력, 그리고 스포츠 폭력 추방과 공정 수립을 위한 스포츠인의 자격 여부 등은 사회적 큰 과제를 안고 있는 외면할 수 없는 우리 스포츠인들의 암울한 현실을 알 수 있기 때문에 모두들 기여해야 한다고 생각하고 있습니다.

따라서 대한체육회와 국민생활체육회는 과거 몇 차례의 통합 논의과정에서 대한올림픽위원회(KOC)의 분리와 통합이라는 정책문제에 따라 줄다리기를 하고 있었다. 박주한(2015)은 엘리트체육과 생활체육의 단절된 운영으로 인한 비효율성에서 벗어나 선순환적 연계시스템 구축이 우선이지만, 양 단체 간의 신뢰 부족과 정부 관료들의 통합의지와 중재 노력이 소극적인 것도 통합의 결실을 맺지 못하는 주요 요인으로 작용한다고 하였다.

> 패널 1: 엘리트체육과 생활체육이 통합이 돼서 그야말로 선진 스포츠 시스템을 조기에 정착을 시켜서 스포츠 선진국으로 빠른 도약을 하고자 하는 그런 염원에서 통합이 됐습니다만은 시간이 지나면 지날수록 원래의 스포츠 시스템이 요구하고 우리가 원하던 그림을 그렸던 스포츠 시스템은 사라진 것 같습니다. 생활체육을 바탕으로 한 엘리트 스포츠가 뽑히는 그러한 시스템을 운영을 희망하면서 통합이 되었으면 합니다. …중략… 그런 시스템을 정착화 시키기 위해서 통합 이전의 통합 체육회 이전의 국민생활체육회부터 시작해 오던 선진 시스템의 핵심인 스포츠클럽 종합형 스포츠클럽이 지금 계속 지속되고 있다는게 굉장히 큰 것입니다. 그야말로 이 생활체육과 엘리트체육의 동반성장을 위한 어떤 기본적인 큰 이 지역 종합형 스포츠클럽이 정착되어야 동반성장이 가능하다. …중략… 생활체육과 엘리트체육이 계속 동반성장할 수 있는 이 틀이 정착되기 위해서는 보다 더 유연한 지원책과 제도적인 지원이 필요하다고 봅니다. 그런 거를 지원하기 위해서 스포츠클럽 육성법이라는 것이 통과됐는지는 모르겠는데, 어떤 제도적인 어떠한 뒷받침이라던가 뭐 그런 것들… 저는 우선 생활체육 관련 지금 동반성장을 위한 그 부분에 대해서 좀 이렇게 말씀드리고 싶습니다.

대한체육회와 국민생활체육회의 통합이 논의되고 추진되어 약 20년 이상의 기간을 거쳐 통합을 이루었지만 스포츠선진국의 구조적 기반이라 할 수 있는 선순환시스템이 정착하지 못하고 있는 내부적 갈등 단계에 직면해 있다. 지방체육단체는 체육회와 생활체육에 포함된 종목별 경기단체 혹은 종목별 연합회로 구성되어 있고, 각각의 종목별 통합에서 단일 회장의 선출 또는 회장선거에서의 불협화음이 발생하면서 아직까지 통합을 이루지 못한 경기단체 또는 종목별 연합회도 존재한다.

한편, 중앙정부의 주도적인 통합의 과정과 지방체육단체의 통합은 지역의 체육인과 인프라, 통합의 여건, 민선체육회장과 지자체장의 정치적 합의 등이 고려되지 않은 상태에서 통합이 이루어졌다. 이에 따라 임의단체로 지정되어 있는 지방체육단체는 상부기관인 대한체육회와 국민생활체육회의 통합에 따라 자연스레 통합의 길을 갈 수밖에 없었다.

> 패널 6: 지금도 그 모든 체육 인프라의 운영권이 결국은 독립성을 체육회가 민선체육회가 독립성을 가져가서 경영할 수 있는 게 뭐가 있습니까? 마케팅할 수 있는 부분이 시설밖에 없어요. 인프라밖에. 인프라 부분을 궁극적으로는 체육회에 다 가져가야 된다. … 중략… 지역 시설공단이라고 하는 데 다 가가 있습니다. 공무원 준공무원 공무원 조직들이 옮겨가가 있는 조직입니다. 거 다 가가 있는 조직인데... 궁극적으로는 민간인 체육회가 독립성을 갖고 살아가려면, 먹거리를 창출하려면, 체육시설 운영권을 다 가져가야 합니다. 운영권을 그... 소위 말해서 집행부나 지자체 담당부서의 집행부나 의회에서 그 뜻을 같이하고, 체육회에 넘겨줘야 만이 가능하다는 이야기입니다. 당장 공단에 꺼 당장 다시 돌려달라! 알짜배기 다 가져간 거! 돌려달라. 시장 바뀌면 가능할 수도 있습니다. 우리 한국은 정치사회니까... 시장 바뀌면. 시장 바뀔 때 체육인들이 결집 잘 해가... 연동 잘 해가지고... 잘 뽑아서 체육시설을 받아와야지 만

이 민간인 체육회가 성립될 수 있고 …중략… 1940년대 50년대 민선체육회가 몇 십년간 이어져 있었습니다. 하다가 결국은 살아오다가 돈이 없으니까 관에 반납을 한 거에요. 경상북도 같은 경우에는 세 번째로 민선체육회가 되었습니다. 그런 사태가 안 나야 될려면 기본적으로 결집을 잘 해서 체육시설 운영권을 받아와야 되는데. 1차적으로는 있는 거라도 지방체육단체가 운영권을 받아올 수 있는 시발점이랄까 이런 걸... 만들어야 되지 않겠냐! 하는 생각이고.

체육단체 통합에 관한 정책변동의 흐름은 2014년 7월 8일 가칭 '○○통합추진위원회' 회의를 개최하여 통합체육회 운영규약, 통합사무국 운영 및 규정 그리고 임시총회 일정 등 임시안건을 심의 및 토의하여 2014년 7월 17일 통합체육회 임시이사회를 개최, 통합추진위원회에서 의결된 모든 안건을 가결하였다. 또한 2018년 9월 지자체장의 체육단체 겸직금지법이 통과하면서 민선 체육단체로의 정책변동이 이루어졌다.

2 정치의 흐름

우리나라의 경우 체육단체 통합과 정치적 분리 및 체육단체의 법정법인화의 정책문제의 흐름은 정부 주도의 체육단체 개혁이라고 할 수 있다. 물론 '체육단체 통합안'을 자치단체 체육진흥과에서 작성토록 하고, '체육단체 통합안' 기본방향은 '통합 자율성 강화'로 제시되어 있었다. 그러나 통합추진위원회 회의에 지역체육회 추진위원 5명과 생활체육회 추진위원 5명 이외에 자치단체 체육진흥과 공무원으로 구성되었다. 결과적으로 체육단체 통합과 민선 체육단체의 출범 그리고 지방체육단체의 법정법인화의 문제도 정치중심의 문화가 내포되어 있음을 알 수 있다.

> 패널 3: 그 당시에 그 국민생활체육회 법정법인을 반대했던 이유는 국민생활체육회가 법정법인이 되면은 통합하기 어렵다라는 거였어요. 양 단체가 약간 정치적인 것인데. 지금 이제 2020년에 민선체육회장이 됐는데 이제 지역뿐만 아니라 다른 시·도체육회나 시·군·구체육회 간에 공통적으로 하는 얘기는 이런 거죠. '지방체육회의 재정 자립이 안되고서는 민선체육 회장을 만든 부분이 효율적이지 않다.'라는 의견이 있습니다. 그간에 그 지자체장이 했을 때는 이제 물론 지금 지방체육회가 임의단체인데, 그 당시에는 지자체장이 단체장이니깐 같은 가족처럼 이제 생각을 하는 거죠. 공무원이나 위에나 다 가족처럼 생각해서 했지만, 이제 민선회장 시대가 되면서, 그렇지 않은 지자체가 있겠지만, 많은 지자체에서 임의단체인 체육회를 바라보는 시각이 좋지가 않다라는 것이 지방체육단체가 임의단체의 지위이기 때문에, 법인도 아닌 단체에 우리가 이렇게 사업을 100% 위탁을 해서 진행을 해야 되느냐? 이런 얘기들이 많이 나옵니다. 그래서 오히려 더 지방체육단체가 지방에서는 정치적으로 접근을 하고 있고.

지방체육단체의 통합과정은 구조적인 것과 기능적인 차원으로 나누어 살펴볼 수 있다. 우선 체육단체의 구조적인 통합은 정치인과 문화체육관광부에 의해서 이루어졌다. 지방체육단체의 목표달성을 위해 구조적 역할을 하고 있는 임원 중 회장선임의 대부분이 지방자치단체장과 함께 할 수밖에 없는 구조로 직결되었다. 지자체장의 선거와 민선체육단체 회장의 선거는 2년의 틈을 두고 이루어지고 있으며, 이에 따라 현재 당선된 지자체장의 영향력이 개입되지 않을 수 없는 구조인 것이다. 대한체육회의 경우 이사 선임에서 양 단체 이사진의 의견을 수렴하여 일정 비율에 의한 통합이 있었고, 두 조직 통합으로 최고집행기관인 이사회의 크기가 비대해져 정책결정 및 반영에 대한 어려움이 있다. 또한 엘리트체육과 생활체육이 일정 비율로 이사회를 구성하고 선거인단도 그렇게 구성해야 하기 때문에 정책결정에 어려움이 따르기 마련이다.

지방체육단체 운영의 핵심적인 사안은 지방체육육성사업에 편성되는 예산이다. 체육단체 통합이라는 정치적 배경에는 조직의 구조적 효율성을 높이기 위해서 불필요한 운영재원의 절감이 이루어져야 하는 정책이 내포되어 있다. 하지만 현재와 같이 공공재원에 의존하는 제한된 운영재원으로는 스포츠선진국으로의 도약을 저해하는 요소가 될 수 있다.

> 패널 3: 정부정책은 국위선양이라는 그간의 국가 중심으로 스포츠 정책에서 탈피해서, '스포츠인권', '스포츠기본권'을 토대로 한, '모두가 참여하는 스포츠 정책'으로 전환하겠다. 그러면서 '인위적으로 전문체육을 육성하기보다는 저변 속에서 선수가 나올 수 있는 환경을 만들어가겠다.' 그게 2019년에 스포츠혁신위원회에서 150여 가지 과제를 발표해서, 그것들을 권고해서 정부와 체육단체들이 이행을 하고 있는데요. 그 맥락에서 법이 개정이 된 겁니다. 그래서 기본적인 참여하는 환경을 만들고, 거기에 전문체육, 생활체육이라는 이분법을 깨겠다는 겁니다. 그래서 경기종목 규정도 현재는 전문 선수, 동호인 선수 이렇게 되어있는데요. 그걸 깨고요. 그냥 대회 나가면 다 선수입니다. 대신 오픈 대회를 하던지, 수준별 대회를 하던지... 그 속에서 수준별로 찾아가라는 겁니다. 그런 환경을 만들려는 거고, 초, 중, 고는 초, 중학생들의 학생축제로 전환하는 겁니다. 물론 뭐 운동선수, 학교운동부와 일반 아이들이 같

은 레벨에 같은 수준에서 할 수는 없겠죠. 그 수준 레벨을 그 수준을 나눠서 할 것 같은데요. 지금 한참 개편작업에 있고, 그래서 전국학생축제에 고등부 학생들이 참여하는 이런 축제 형식으로 바뀌고 초, 중, 고를 지역대회로 이렇게 하는 방향으로 가고 있습니다.

지방자치단체는 공공체육시설 운영 및 스포츠클럽 육성과 같은 다양한 재원동원 활동으로 지역체육회가 자생적으로 운영할 수 있는 법적, 제도적 기준을 마련해야 한다. 유급직원으로 분류되는 사무국원 중 주임 혹은 팀장 직급 이상에서 정년보장이 되는 정규직으로 전환되었다. 정규직으로의 전환은 직업안정성과 소득안정성을 확보함으로 조직운영에 긍정적 효과로 작용한다. 지속적인 고용안정을 위해서는 관행처럼 이루어졌던 낙하산 인사를 방지하고 통합지역체육회의 성공적 운영을 위해 전문가로 구성된 인사위원회를 구성하여 채용의 투명성을 높여 공정하고 적절한 인사가 선행되어야 한다. 지방체육단체의 생활체육지도자의 경우 고용형태는 통합 이전과 동일한 형태로 운영되고 있다가 행정직 지도자와 실무직 지도자로 나뉘었다. 장기적으로 고용형태를 개선할 수 있는 중앙정부 및 지방자치단체의 중장기적 정책반영이 필요하다.

체육단체 통합의 기능적인 차원에서 살펴보면 체육단체 운영에 필수적인 인적 인프라의 개선이다. 지방체육단체에 소속된 생활체육지도자에 대한 고용안정이라는 정책문제에 대해서 김수민 의원을 비롯하여 최경환 의원, 조승래 의원에 의해 2019년 11월 28일 '생활체육지도자 처우 개선과 정규직 전환 방향 국회토론회'를 개최하고, 생활체육지도자의 처우 개선 및 복리 후생 증진을 위한 법적 근거를 담은 '생활체육진흥법 개정안(김수민의원 대표발의)'이 11월 31

일 국회 본회의를 통과하였다. 이에 따라 지방체육단체는 생활체육지도자의 정규직 전환이라는 정치의 흐름에 따라 위원회를 구성하고 실행해야 한다.

> 보도자료: 생활체육지도자들의 정규직(무기계약직) 전환 추진 사업이 첫발을 뗐다. 문화체육관광부는 최근 '생활체육지도자 정규직 전환 공통 가이드라인'을 인천시 등 전국 17개 광역 시·도에 전달했고, 인천시와 인천시체육회는 해당 내용을 일선 시·군·구(체육회)에 알렸다. 가이드라인을 보면, 생활체육지도자 정규직 전환 방식은 원칙적으로 각 시·도 체육회가 '자체 정규직 전환 심의위원회'를 구성해 추진해야 하지만, 시·군·구체육회에 위임하는 것도 가능하다. '자체 정규직 전환 심의위원회'를 구성할 경우 시·도 체육회, 시·군·구 체육회, 재원을 부담하는 지방자치단체를 포함해야 한다. 다만, 문체부는 위원 수의 1/2은 외부인사(인사노무 및 노사관계 전문가, 노동위원회 조정위원, 기관 사업과 관련된 전문가, 변호사, 생활체육지도자 추천인사 등 전문성을 갖춘 사람)로 채울 것을 권고했다. 정규직 전환 대상과 방식은 고용노동부의 민간위탁 정책추진방향(2019.02.27.) 발표 전과 후로 나뉜다. …중략… 향후 정규직으로 전환되는 생활체육지도자는 각 시·군·구 체육회장과 계약, 시·군·구 체육회 소속 무기계약직으로 근무하게 된다. 또 각 지방자치단체는 관련 법규에 따른 수당의 지급, 복리 후생의 증진 및 유사 직군과 동일한 대우 등 생활체육지도자의 처우 개선이 이뤄지도록 노력해야 한다. 전국 228개 시·군·구 체육회장협의회 곽종배 회장은 "민선체육회장 시대를 맞아 17개 시·도와 228개 시·군·구 체육회가 뭉쳐 정부와 대화하면서 성과를 냈다. 그동안 열악한 환경 속에서도 묵묵히 최선을 다한 생활체육지도자들에게 작은 희망을 줄 수 있어 감사하다. 앞으로 더 처우 개선에 앞장설 것이며, 우수한 생활체육지도자들을 육성할 수 있도록 노력하겠다"고

> 말했다. 한편, 지금까지 생활체육지도자는 1년 단위로 근로계약을 했고 전국적으로 2800여 명에 이른다. 임금은 정부(50%)와 자치단체(광역자치단체 25%, 기초자치단체 25%)가 분담해 지급하고 있다(이종만, 2020.09.08.).

문체체육관광부는 지역주민의 건강한 삶을 돕고자 각종 체육프로그램에서 수업을 진행하는 228개 시·군·구 체육회의 생활체육지도자들의 고용 및 처우 개선의 필요성에 공감대를 형성하였고 2019년 9월부터 2020년 8월까지 10차례 '생활체육지도자 정규직 전환 심의위원회' 회의를 거쳐 해당 가이드라인을 의결했다. 당시 고용노동부가 제시한 기준에 따라 생활체육지도자 배치 사업의 특성, 기존의 고용 관행, 지방자치제도의 취지와 지방자치단체의 자율성, 생활체육지도자의 고용 및 처우개선의 필요성 등에 관해 구체적으로 검토한 심의위원회는 생활체육지도자 직군은 정규직 전환 대상 직군에 해당한다고 최종 판단했다.

3 정책대안의 흐름

대한체육회는 국민체육진흥법 제33조에 설치근거를 두고 있는 특수법인이다. 따라서 대한체육회는 국민체육진흥법 제28조의 규정에 의하여 감독기관인 문화체육관광부장관의 지도, 감독 내지 간섭과 통제를 받을 수 있고, 아울러 정관의 승인권, 임원의 임명 등에 있어서 문화체육관광부에서 관여할 수 있다(김용섭, 2010). 반면 이 시기 국민생활체육회는 1991년 2월 6일 '국민생활체육협의회'로 민법 제32조에 의한 비영리사단법인으로 설립되어 활동하다가 2009년

6월 10일 정관을 개정하여 '국민생활체육회'로 그 명칭을 변경하였다(김용섭, 2010). 따라서 국민생활체육회는 협회의 설치 법적근거가 국민체육진흥법에 별도의 규정을 두고 있지 않았고 다만 국민체육진흥법 제18조 제2항에서 규정하고 있는 '그 밖의 체육단체'로 규정하고 있어 이에 포함되거나, 동법 제22조 제10호에서 규정하고 있는 '생활체육관련 체육단체'의 하나이기 때문에 국가와 지방자치단체로부터 보조를 받거나 국민체육진흥기금을 지원받을 수 있을 뿐이고 개별 법률에 설치근거가 있는 법정법인은 아니었다(김용섭, 2010). 이러한 법적 구조 때문에 재정안정성을 위해서라도 국민생활체육회의 입장에서는 법정법인으로 그 지위를 승격시키려는 노력을 지속적으로 하였으나 대한체육회는 이를 반대해온 것이다. 한편 문화체육관광부가 중재라는 명목하에 대한체육회와 국민생활체육회의 통합을 강제하기 시작하였는데 사실상 이는 중재라기보다는 간섭에 가까웠다. 하지만 법정법인인 대한체육회는 국민체육진흥법에 의거해 문화체육관광부의 간섭과 통제를 받을 수 있기 때문에 사실상 갈등은 더욱 악화되었다. 이러한 체육단체 통합에 정치적 갈등의 대안으로 임의단체에 대한 법적 지위를 확보하려는 방향으로 움직였다.

패널 3: 현재 임의단체의 지위에 있는 지방체육회를 법정법인을 만들기 위해서 작년부터 지금까지 노력을 했었죠. 여러 가지 이유로 행안부에서 이제 반대를 했었습니다. 행안부에서 왜 반대를 했냐면? 지금 법정법인화되면 이제 문체부 소관의 법정법인, 문체부 소관 법정법인인데... 행안부가 현실은 지자체를 통해서 지방체육회를 움직였었는데 문체부 소관에 법정법인이 됩니다. 그러면 문체부만 좋죠. 행안부는 현재 지방체육회의 예산의 90%를... 지자체가 대응했는데 행안부에서 좋은 게 하나도 없습니다. 그래서 작년에는 행안부 반대가 거셌기 때문에 안됐었는데, 요번에 다시 저희가 민선회장이 되면서 임의단체의 지위를 최소한 음.. 법정법인을 통해서 좀 지위를 향상시켜야겠다. 물론 법정법인이 된다고 해서 예산이 수반되는 건 아닙니다. 근데 명확한 법적 지위를 우선적으로 두겠다는 겁니다.

조직에 있어 조직구성원은 일반적으로 여러 역할을 동시에 수행한다. 역할 수행에 대한 역할 모호성(role ambiguity)은 개인이 어떻게 수행하느냐에 대한 충분한 정보가 제공되지 않을 때 나타난다(김권집, 박수경, 2009). 집단갈등은 대표적으로 대인관계측면에서 감정적 요소로 인한 집단 간의 관계갈등(relationship conflict)과 과업수행에 있어 인지적 불일치로 인한 과업갈등(task conflict)으로 발생한다(이성록, 2007). 지방체육단체의 경우 통합 전 조직에서 업무적으로 엘리트체육과 생활체육이라는 내부적 분업으로 상호독립적 업무를 수행하고 있었으며, 그로 인해 통합의 업무와 문화적 융합이 원활하게 이루어졌다고 하기는 어렵다.

패널 2: 조직 자체를 전문 생활체육 플러스가 아니라. 전결권 한 명 아래에 이제 전문체육과 그다음에 생활체육을 산하에 둔 거에요. 그 자체를 저희가 좀 외형적인 것에서 보면 '단순하게 통합했다. 아니면 생활체육이 어떻게든 전문체육과 이렇게 좀 균형된 예산을 이렇게... 추측할 수 있겠다'라고 하는 것은 되게 섣부른 것 같아요. 왜냐? 이미 수십 년에 걸쳐서 각 전문체육에서 받았던 사업, 예산비가 고정되어 고정비가 있을 거고, 생활체육이 아무리 그래도 생활체육은 대부분 사업들 보면 …중략… 일회성 대회들이 대부분이거든요. 근데 그거를 아무리 통합 전결권자 한 명이 한들, 그거에 대해서 감히 전문 체육에 있는 선수들과 지도자들의 인건비, 훈련비들을 그 전결권자가 단순하게 생활체육에 통합되었다고 해서, 그거를 이런 예산의 균형을 맞출 수 있냐구요? 이거는 쉽지 않을 것 같아요. 그렇기 때문에 '저는 일단 좀 너무 앞선다'라는 생각이 들어요.

일반적으로 기초자치단체에서 운영되는 스포츠이벤트는 생활체육 중심이며 참여자 역시 대부분 성인을 중심으로 운영된다. 통합 전 체육회의 이벤트와 생활체육회의 이벤트에 참여하고 있는 성인 회원 대부분은 중복 참여이며, 참여자들은 같은 대회 다른 여건이라는 환경을 경험하고 그로 인해 상호의존성 저하 및 자원의 제약이라는 문제점에 직면하게 된다. 이를 해결하기 위해 통합 후 지방체육단체는 스포츠이벤트 운영예산에 대한 형평성 있는 조정을 통하여 엘리트와 생활체육에 참여하는 시민들 사이에서 상호이익의 관점으로 갈등을 해결할 수 있는 대안으로 작용해야 한다.

패널 3: 지역체육 발전에 있어서는 명확한 지위를 가지고, 정치적으로 이제 흔들리지 않겠죠. 사무처장은 지자체에서 와야 한다는 맥락은 어쨌든 예산은 지자체가 가지고 있기 때문에 그 부분을 오히려 민간 회장이 됐다고 해서 예산의 공백이 없는 상태에서는 결국에 지자체에서 정식적으로 자리를 유지할 수밖에 없습니다. …중략… 그런 공모를 한다고 하더라도, 지자체에서 미시는 분들이 많이 되겠지요. 암묵적으로는 그렇게 할 수 있지만 공개적으로는 어쨌든 민선체육회이기 때문에 그 부분을 당연직으로 할 건 아니구요. 유기적인 지자체 하고의 연계는 분명히 필요하고요. 법적지위가 보장이 된다면, 재정의 어느 정도는 안정화를 가지고 시·도체육회나 시·군·구체육회가 할 수 있는 그런 발전을 할 수 있는 것들을 할 수 있다고 생각합니다.

지방체육단체 통합과정과 통합 이후 조직구성원 인사에 대한 다양한 갈등 상황이 발생되는 것을 확인할 수 있었으며, 효과적 인사관리 및 직제개편을 수행하는 기능적 역할도 다소 부족한 것으로 나타났다. 현실적으로 조직통합과정에서 나타나는 인사문제의 발생은 피할 수 없는 문제인 것도 사실이다. 따라서 통합협상과정에서 나타나는 인사, 보직조정, 직무조정과 같은 문제를 해결하기 위하여 위원회와 같은 전문기구를 두어 조직구성원이 인사에 대한 투명하고 긍정적 인식을 제고할 수 있는 노력이 뒷받침되어야 한다.

> 패널 1: 과연 체육의 역할이 뭐냐? 그 부분에서 우리 체육이 그... 다른 분야도 마찬가지겠죠. 제가 그 굉장히 부러웠던 것 중에 하나는 체육의 역할에서 가장 중요한 역할을 해야 되는 사람은 체육과 관련된 전문가라고 생각하고, …중략… 체육인의 목소리를 대신해주고 체육정책을 주도하는 분야가 누구? 누구라고 생각하느냐? 좀 전에 말씀드린 것처럼 그런 부분에 관여할 사람은 솔직히 얘기해서 시장이시겠죠. 그렇지만 일단은 시체육회나 시체육 문화체육국장님이나 과장님들이 주도를 해줘야 하는데, 과연 그 사람들이 체육인들의 목소리를 얼마나 대변해주느냐? 즉, 우리나라 전체적으로 따지자면 지역 체육의 미래와 방향을 제시해주고, 그것을 리드해 나갈 사람이 체육인이어야 되는데. 체육 소위 말해서 전문가라야 되는데. 그 전문가의 목소리들이 지금까지 얼마나 반영이 되어 왔나? 그리고 민선시장님이 들어오시면 목소리를 내주실 줄 알았는데, 제도나 재원 때문에 어차피 못할 것이라고 생각했었는데, 아니나 다를까 별다를 게 없다. …중략… 생활체육하고 엘리트체육이 통합이 되면 좀 더 변화가 일어나겠고, 뭔가 조금이라도 뭔가 있지 않겠냐? …중략… 조금이라도 방향성을 민선시장이나 체육회장이 방향성을 낼 수 있는 방법들을 제안을 제시해준다거나? 체육의 위상을 높이는 방법이 제일 중요하다고 생각합니다.

문화체육관광부는 국민생활체육회와 대한체육회의 의견을 조정하기 위해 중재자 역할을 이행한다. 각 조직별로 수시로 바뀌는 회장들이 때로는 온건하게 때로는 강경하게 상호 간에 대응하면서 매번 새로운 양상을 보이는 것이 사실이지만 때로는 타협을 통한 상호작용을 통해 통합에 박차를 가하기도 한다. 물론 대한체육회의 올림픽위원회 분리와 국민생활체육회의 법정법인화를 반대하는 신념체계와 문화체육관광부, 국민생활체육회 및 정치인들과 산하단체들은 올림픽위원회의 독립과 국민생활체육회의 법정법인화를 찬성하는 신념체계는 변하지 않아 큰 틀에서 갈등이 있었다. 2000년도 수요자 중심의 '참여하는 체육'으로의 전환을 위한 제도개선과 더불어 생활체육, 학교체육과 엘리트체육의 밀접한 연계성의 필요성에 대한 여론이 형성된 시점부터 2002년 12월 국민생활체육회의 법정법인화가 국회에 의해서 보류되는 시점까지이다. 갈등표면화 시기는 2003년 이연택 대한체육회장이 새롭게 취임한 시점부터 2008년 8월 이강두 전 한나라당 의원이 국민생활체육협의회 회장에 선출된 시점까지이다. 갈등확대기는 2008년 9월 이강두 국민생활체육협의회 회장이 체육단체통합을 촉구한 시점부터 2015년 2월 대한체육회가 체육단체 통합 논의에 반대하는 결의문을 채택한 시점까지이다. 마지막으로 갈등완화기는 2014년 3월 새정치민주연합 안민석 의원이 국회 정론관에서 새누리당 서상기 의원과 공동 기자회견을 갖고 "양 단체의 통합법이 의결됐다"고 발표한 시점부터 2015년 12월 통합체육회의 명칭을 '대한체육회로' 통일하기로 한 시점까지 그리고 민선 체육단체장이 출범하기까지의 정책문제의 대안들은 정책의 주도자와 정부의 중개역할을 통해 이루어져 왔다.

패널 4: 지금 우리가 인위적인 통합을 했는데, 겉으로는 했고, 실질적인 아직까지 효과를 느꼈다고는 말하기가 힘들고, 제일 문제가 우리 체육단체는 재정확보가 되어야 되는데, 지금 현재 지자체장하고 체육회 회장하고 관계가 좋은 데는 그런대로 꾸려 가는데, 그렇지 못한 데는 지금 심각한 위기에 빠진 지자체도 많은 것으로 알고 있습니다. 그래서 이제 그… 각 체육회 내의 적극적으로 경영기획위원회라든가 아니면 스포츠추진단 이런 거를 만들어서 적극적으로 수익 사업들을 개발해 나가야 된다고 봅니다. …중략… 두 번째는 이거는 우리 지자체 체육회뿐만 아니고, 우리 중앙정부도 마찬가지라고 생각합니다. 생활체육하고 엘리트체육하고 이 재정의 정립부터 새로 해 가지고, 정책방향, 방향도 좀 새로 잡고, 운영도 좀 다르게 해야 된다고 생각합니다. 이 엘리트체육은 국민통합이나, 국가 이미지 제고 등 이런 목적을 가지고 있기 때문에, 이거는 정부 돈이나 지자체 예산으로 해야 됩니다. 그러나 이 생활체육은 각 개인의 자신의 건강증진을 위한 것인데, 지금 우리가 몇 년 전에 뭐 이제 뭉치긴 했지만은, 이 정치인들이 생체협회 단체장을 하면서, 그쪽으로 예산이 너무 많이 배정이 되었습니다. 이 문제를 빨리 좀 해결해야 되구요. …중략… 그리고 이제 세 번째로 제가 생각한 문제는 그… 우리 엘리트 지도자들이 정말로 수십 년 간에 걸쳐서 우리가 희생하고 열심히 노력한 성과로 우리가 국제대회에서 정말로 좋은 성과들을 걷어 왔는데, 그러한 부분이 일순간에 너무 다 폄하되고, 지금 전부 다 이상한 사람들로 되어 있는데, 가장 문제였던 재정 집행의 투명성은 정말로 많이 나아진 것 같아요.

엘리트체육과 생활체육으로 이원화되어 있던 연간사업의 통합운영으로 사업 효율성이 높아진 것은 차후 따져볼 것이지만 민선체육회장이 지역체육회 회장으로 취임하며 지방체육육성에 따른 예산을 얼마만큼 증대할 수 있을지에 대한 효율성과 장기적 관점에서 지역

통합체육회는 자생력을 갖추기 위한 노력이 있어야 한다.

> 사회자: 민선체육단체장이 되고 중앙정부나 중앙단체에서 요구하는 것들, 그리고 바라는 것들이 전부 이제 체육단체 운영에 대한 어떤 자율성, 지속성, 안정성, 거기에 재정에 대한 건전성입니다. 건전성인데.... '지방 체육이 과연 어떻게 돈을 벌 수 있지?' 라는 이제... 생각을 하게 되고, 그러다 보니깐 이제.. 뭐 법인화가 되면은 마치 꼭 돈이 벌리는 것처럼 환상을 갖게 되면서, 그 부분은 빨리 보완을 해서 뭔가 지방체육 재정자립화를 위해서 할 수 있는 특히, 이제 지역이 가지고 있는 어떤 환경적 인프라라든가 또는 위치적 인프라. 이런 부분들을 잘 이용해야 되는데, 제가 얼마 전에 이 부분을 좀 검토하면서 어떠한 모순을 좀 스스로 받게 됐냐 하면, 체육이라는 것은 국민체육진흥법에 있는 것처럼 '국민의 어떤 복지와 체력 향상을 위해서 국가와 지방정부가 국민들한테 시설을 제공해야 된다'라고 되어 있습니다. 그러면서 이제 그 전문체육과 생활체육이란 부분에 있어서 저희는 그동안 이제 전문체육에서 '보는 스포츠'로 진행되다가 생활체육이 커지고 통합되면서 이제는 '하는 체육'으로 '하는 체육'으로 전환됐다고 보는데, 어쨌든 그 '보는 체육'이든 '하는 체육'이든, 그동안에 체육단체는 행정적인 절차에 의해가지고 공익적인 목표와 공익적인 성과를 최종 목적으로 하고, 이제... 어떤 행동을 했습니다. 그런데 결과적으로는 이제 수익을 내야 되고, 이익을 내야 되고, 그러므로 해서 재정자립화를 하면서 뭔가 지속 가능한 독립성을 키워야 된다. …중략… 또 이 경영자 입장에서 우리가 요구를 받는다고 그러면은 적절한 가격에 적절한 대가를 치르게 해서, 그걸 통해서 이익을 내야 된다는 거죠. 그런 그 양쪽의 어떤 모순을 갖게 되지 않나? 이런 생각이 좀 들었습니다. 그래서 저희가 대한체육회처럼 그 스포츠 제품이 다양하고 많아 가지고, 국가대표라는 부가가치가 높은 어떤 상품을 갖고 있다고 하면은 다양하게 마케팅할 수 있겠지만, 지역이 가지고 있는 스

포츠 제품은 결국 이제 시설이 가장 큰데, 그런 시설을 이용해서 어떻게 우리가 재정자립화에 도움을 줄 수 있는가 하는 부분입니다.

한국체육 100년에 이르는 역사적 과정에 체육단체의 통합, 민선 체육단체의 출범, 지방체육단체의 법정법인화와 관련하여 지난 20년간 많은 정책의 변동이 발생하였고, 이러한 정책변동의 상황에도 체육인들의 움직임과 정부 및 지자체들의 협력과 갈등은 큰 충돌이나 대규모의 시위와 같은 단체행위가 없었다. 그 이유는 지속적으로 발생하는 체육단체의 비리와 사건들로 대한체육회와 국민생활체육회는 문화체육관광부에서 시행해 온 체육단체 투명성을 강조하는 정책과 관리 감독을 통해 순응적인 태도를 가질 수밖에 없었던 것으로 사료된다. 그렇지만 대한민국 체육의 변동과정에서 정책의 창과 정책주도자는 제 역할을 수행해 왔고 그에 따른 결과물을 다음 장에서 살펴보았다.

4 정책의 창과 정책주도자

1) 정책의 창: 통합, 민선, 자립화

지방체육단체 통합의 정책을 수행하고 있는 지방체육단체는 스포츠자원을 골고루 분배하기 위한 대부분의 운영재원을 중앙정부와 지방자치단체에서 지원을 받고 있기 때문에 현재까지도 관치중심의 조직문화가 형성되어 있다. 그러나 장기적 관점으로 접근한다면 지방체육단체는 민간체육단체장 취임과 같은 자율성 확보와 독립적 운영을 위한 자생력 확보를 위해 정책적, 제도적 기반이 마련되어야 한다.

지방체육단체는 구조적으로 지역체육회 및 지역생활체육회, 가맹경기단체 및 지역생활체육회와 종목별연합회로 분리되어 있다. 구조적 문제로 나타나는 통합 전 각각의 조직특성이 있으며 이러한 조직특성은 통합과정에 불안요소로 작용할 수 있다. 그러나 종목 간 단체는 대부분 원활한 통합과정이 나타난 것으로 확인되었다. 지방체육단체는 유급구성인력이 5~10인 이내의 소규모 조직으로 소규모 조직은 상대적으로 자유로운 조직문화 및 반응성과 유연성을 지니고 있기 때문에 지방체육단체 조직특성의 측면에서 긍정적인 요소로 확인되었다.

지역체육회와 생활체육회가 각자의 업무를 수행하고 통합 후에도 업무의 독립성을 유지하고 있기 때문에 업무와 문화적 갈등상황이 도출되지 않았다. 그러나 장기적으로 합리적 통합을 위해 각자의 업무를 그대로 승계하기보다는 원칙에 입각하여 조직구성원의 기존 경험과 방식에서 벗어나 업무 분담과 편제를 재구성하는 것이 효과적일 것이라 판단된다.

> 패널 8: 생활체육인도 지금 동호인등록시스템이라는 것을 마련을 해 놨는데, 물론 대한체육회에서도 애초에 고민을 했을 겁니다. 선수등록 시스템을 어떻게 개선할 거냐? 우리가 2016년도에 통합을 하면서 선수를 등록하는 원래 있던 시스템에서 이것을 등급을 나누어서 할 거냐? 아니면 동호인은 동호인대로 할 거냐? 선수는 선수대로 할 거냐? 그런 고민을 했을 것 같고, 그렇지만 그 고민에서 결국은 결정을 했는 게, 선수는 선수등록시스템으로 가고, 동호인은 동호인등록시스템으로 가서 그 두 개를 이렇게 같이 이렇게 그냥 이원화된 상태로 진행을 한 거 같아요. 그런데 이렇게 해서 지금 저희가 통합 아닌 통합이 됐잖아요. …중략… 생활체육은 생활체육대로 발전을 시키는데, 조화를 얼마나 잘 시켜 나가느냐?가

제일 중요할 것 같아요. 둘 간의 조화. 왜냐하면 생활체육부가 합쳐보니까 엘리트부에서 엄청난 예산을 쓰고 있어요. 정말 말도 안 되는 예산을 쓰고 있고, 생활체육이 그동안 해왔던 예산을 생각해 보면, 몇 배 이상의 예산을 엘리트 쪽에서 쓰고 있으니, 당연히 그 안에서 어떤 갈등이나 그런 어떤 시샘이나 뭐 그런 어떤 포지션의 문제라던지 이런 것들이 발생할 거고. 이제 그런 건데. 이런 거에서 제도적으로 우리가 어떻게 조화를 잘 시켜서 직장운동경기부는 저희가 여러 개 종목을 운영하고 있지만, 생활체육 종목단체로 보면 우리가 70여 개 이상의 종목단체가 있는데, 그런데 엘리트 쪽에 있는 것도 있고, 없는 것도 있는 이런 구조의 생활체육과 엘리트체육이 현장에서 잘 조화가 이루어질 수 있는가?를 정말 고민해보고, 제대로 나아갈 수 있는 방법을 찾아내야 되는 게, 민선 1기 체육회장님이 하셔야 하는 일이 아닌가? 그렇게 생각합니다.

상호이익 추구는 스포츠라는 테두리 내에 스포츠조직의 구성요소인 소속감, 성원 간의 상호작용 등과 같은 조건을 충족하고 스포츠 활동을 매개로 이루어지는 스포츠문화의 본질(임번장, 2010)이 작용한 것으로 판단되며, 동시에 구성원 간의 상호의존, 응집력 생성에 나타나는 집합정체성(collective identity)과 같은 스포츠조직의 특성(Carron, 1980)이 반영된 것으로 사료된다. 추가적으로 지역체육회는 2008년 정부 부·처 통합 사례에서 확인된 바와 같이 워크숍, 간담회 및 다양한 융합프로그램을 지속적으로 운영하여 조직문화적 통합수준을 높이기 위한 노력이 필요할 것이다.

'통합단체 회장, 실무자 회의 개최'에서 회의 개최 이전 '체육단체통합추진사항 및 각 종목별 협회, 연합회에 동일 운동종목 통합추진 협조' 공문을 발송하였다. '체육단체 통합안'에 따르면 '2014년 11월 자율적으로 결성'이라 명시되어 있으며 기본방향은 '종목별 우선 통합 후 양 단체 통합의 단계별 추진으로 충격완화'로 면담 내용과 동일하게 종목별단체가 우선 통합된 것으로 확인되었다. 지방체육단체 통합이 다차원적 접근이 요구되는 이유는 단순히 조직과 조직의 통합을 넘어 내부적으로 가맹경기단체와 종목별연합회의 통합 그리고 체육회와 생활체육회 사무국의 통합이라는 과정을 거쳐야하기 때문이다. 이러한 과정 속에서 나타날 수 있는 문제점은 통합체육회 및 가맹단체의 지위 그리고 회장선출의 쟁점과 같은 정치적 문제와 예산을 지원하는 지방의회와의 갈등 등이 있다(스포츠서울, 2015).

따라서 통합조직이 가지고 있는 문제 극복 및 합리적 운영을 위해 컨트롤타워의 구성이 필요하다. 컨트롤타워는 일반적으로 재난안전의 체계성 확보를 위하여 구성한다(정시구, 2015). 지방체육단체의 통합과정이 재난이라고 표현하기에는 다소 무리가 있지만 컨트롤타워의 구성은 스포츠선진국으로 도약하는 출발점에서 앞으로 나아가야 할 올바른 방향을 설정하기 위함이다. 컨트롤타워의 역할은 양 조직의 형평성을 고려하여 엘리트체육과 생활체육이 공존하며 효과적으로 운영할 수 있는 장을 제공하고 이러한 역할은 관리과정적 측면에서 통합지방체육단체 운영전반에 대한 기준점을 제시하는 것이다.

> 패널 2: 독일은 독일 딱 세 가지 독일올림픽스포츠위원회는 딱 3가지 부서가 있어요. 그게 뭐냐면 엘리트스포츠, 생활스포츠, 학생스포츠예요. 근데 그게 저희가 생각해 보면 뭐 이게 또 다른 나라기 때문에 그럴 수도 있지 않냐? 라고 하는데 결국 저희가 선진화를 찾는 거는 선진국, 선진국이라 하면 이게 우리보다 앞서 있다기보다 그 제도가 굉장히 안정적이라는 거예요. 그 안정적인 것들을

그 사람들은 우리보다 이미 벌써 천 번, 만 번은 이 시행착오를 겪었을 텐데 그거를 왜 지키고 있냐? 고수하고 있냐? 그래도 그 조직에 대한 그 사업에 대한 안정성을 이미 갖췄기 때문에 사람들이 혼란하거나 그리고 무엇보다 예산을 따는 데 있어서 이미 안정적으로 유지되어있기 때문에... 저는 이제 그런 것들이 다 반영되었다고 생각하고 있습니다. 저는 이런 지방체육단체 법인화라고 하지만, 이 조직에서 저는 일단 지역에서 갖고 계시는 인력들, 이미 사업을 하고 있는 것, 그다음에 이제 그런 걸 반영한다면, 지금도 생활체육과 체육, 체육진흥에 대한 부분이 없으니, 예를 들면 전 더 명확히 전문체육과 그다음에 생활체육에 대해 자체를 사실 구분하는 거를 제 개인적으로는 그걸 그 조직을 가지고 가야 한다는 생각입니다. 그거를 통합한들 그 안에서 사업하는 그건 사실 쉽지가 않을 거예요. 왜냐? 사업예산 들어오는 자체가 너무 몫이 다 다르기 때문입니다.

지방체육단체의 물리적 통합은 매우 어려우며 앞서 언급한 바와 같이 현실적으로 다양한 갈등을 야기하며, 통합과정상 나타나는 갈등을 최소화하기 위한 방법이 바로 통합프로세스 구축이다. 2012년 체육백서에 따르면 지방자치단체의 체육회 통합사례에 울산광역시는 3개 단체 사무처를 통합 운영하였으나 중앙체육단체의 반대로 재분리되었으며, 서울시는 통합조례안을 만들어도 외부적 압력으로 상정조차 못하고 유보된 상태를 확인할 수 있다(스포츠서울, 2015). 이러한 문제점을 해결하기 위하여 통합프로세스는 사례 1과 사례 2에서 확인된 바와 같이 체육회와 생활체육회 사무국 선 통합이 합리적일 것이라 판단된다. 지역의 종목별 단체 역시 중앙단체의 지침을 기반으로 운영된다. 그러나 참여하는 대상, 그에 따른 프로그램의 운영과 관리는 지역에서 이루어져야 할 과제이며 그러한 과제를 수행하고 합리적 운영의 구심축 역할을 위해 지역체육회 사무국의 조직개편이 선행되어야 할 것이다.

> 패널 2: 지방체육 법인화의 한 일부분일 텐데, 기존 사무처 조직이 결국 미래 지역 체육발전을 위해 적절히 구성되어 있는가?예요. 그래서 지금 4부로 되어 있는데, 기획총무부, 경기운영부, 생활체육부, 체육진흥부예요. 그다음에 시설관리사업소, 지역스포츠과학센터예요. 근데 제가 거기까지는 들어가 봤지만, 생활체육부와 체육진흥부의 차이가 무엇일까? 이제 그게 궁금하더라고요. 결국에는 미래의 지역 시민의 체육발전과 성장을 위해서는 결국에는 이 조직이 어느 정도 그거를 시대적 배경을 바탕으로 해서 다시 재구성하고, 지방체육법인화로 가는 대신 그 조직 안에서 지역을 위해서 갖춰져야 될 이 조직의 핵심 구성들이 역할을 생각해야 될 것 같아요.

지방체육단체는 1995년부터 시작된 지방자치시대를 거치면서 지방체육 만이 살아갈 길을 나름대로 모색하여 체육의 발전과 체육인의 발전을 위해 노력하고 있다. 하지만 수도권과 지방이라는 벽을 넘어 중앙단체에서 실시하는 사업에는 많은 관심을 두고 있지 않은 실정이었다. 즉, 중앙의 체육정책과 지역의 체육정책이 제각각으로 집행되고 있었고 지방체육단체는 지자체나 기초단체 산하의 조직과 같은 형태로 정치적 외압들에 의해 보조사업들을 시행하는 것으로 변모하였다. 그렇지만 체육단체의 통합이라는 것과 함께 체육단체가 중앙단체의 체육정책과 함께 재정자립화, 민선체육회, 법정법인화 등이 함께 이루어져야 한다는 주장이 설득력을 얻고 있다.

패널 2: 그다음에 결국 지역 자체에서 이제 사업하는 것도 있지만, 이런 이제... 스포츠과학센터는 공단 사업이고요. 이런 클럽에서는 또 대한체육회 사업이고, 대한체육회 사업들은 정말 진짜 많은데, 그 사업들 우리 지자체에 돈이 안 들어도 투자 안 해도, 이런 중앙정부에서 하고 있는 사업들을 얼마만큼 저희가 유치하고 연계할 수 있는가? 이거를 저희가 정말 진짜 좀 잘 고민을 해야 될 거예요. …중략… 현황 및 실태 분석에 기반해서 지역특성에 맞는 각각의 과제와 실행 방안들을 만들어 보자! 라는 의견을 드리고 싶어요. 그래서 저는 여기 지자체는 정말 특화된 거는 결국에는 대학교들이 워낙 잘 되어 있고, 산학협력에서 우수한 전문가님들이 계시기 때문에 더욱 다른 지역보다 특화되어 있다고 생각을 해요. 그래서 지역을 대표할 수 있는 지역적 데이터를 생산이나 분석 결과를 지속적으로 발표하고 공유를 해야 돼요. 그래서 지역체육회에서 그렇게 좀 해서, 우선 전문가들도 구성하셔서 하는 게 좋겠다는 생각이 들고, 그거와 연동돼서 지역체육회 산하 구·군체육회가 있고, 시종목 연맹이 70개가 있더라구요. 그러면 이 데이터를 가지고 이분들이랑 공유를 하기 때문에 잘해보자! 라는 거거든요. 그리고 또 우선 해외사례 같은 경우에는 벤치마킹하되 결국에는 저희가 혼잡화된 리모델링을 좀 잘 만들었으면 합니다.

체육정책을 실현하는 데 있어서 국비와 지방비를 지출하는 기관장의 마인드가 어떠한가는 매우 중요한 일이다. 전국에 17개 시·도체육회가 있으며 여기에는 의사결정권을 가진 경영권자가 있고, 모든 종목들의 사업과 지도자, 선수 등이 포함되어 있다. 그렇지만 시·도체육회는 대한체육회의 시스템에 편승되어 자체적인 시스템을 마련하지 못하고 있다. 이러한 조직의 형태는 시·도체육회와 구·군의 체육회 간의 소통이 단절되는 현상으로까지 이어져 있다. 그 이유는 같은 체육예산을 쓰면서도 보조사업비를 집행하는 기관이 따로이기 때문이다.

패널 6: 구 · 군체육회에서 관리를 했을 때 문제가 한 가지 있어요. 기존에. 기존에 어떤 문제가 있냐면, 관리가 제대로 안 되는 거죠. 수익 사업도 제대로 안 되고... 그래서 우리가 올림픽 끝나고 나서 국민체육진흥공단을 만들어 가지고, 국민체육진흥공단에서 시설들을 많이 관리하고 활용해 가지고 수익을 많이 올렸었거든요. 만약에 우리 대구시도 그런 전담기구가 필요할지? 지금 우리 시설관리공단이 있는데, 시설관리공단 말고 체육에 전문화되는... 그래서 좀 전에 말씀하신 것처럼, 저는 이걸 구체적으로 생각해 보지 않았는데, 그런 단체가 중심이 되어서, 구·군체육회가 효율적으로 활용을 할 수 있도록 지원을 해주는 방법이라든가, 같이 협업을 한다든가, 그런 제도를 조금 모색해 보는 것도 나쁘진 않을 것 같다. 만약에 그게 불가능하다고 하면 제도적으로. 각 구·군체육회와 시체육회에 그 전문인이 필요하다. 전담부서. 그걸 관리하고 수익사업을 올리고 하려고 하면, 그런 전담부서가 필요하고 거기에 전문 인력을 배치시켜야 그게 효율적으로 관리가 되고 이용이 되고 하지 않겠냐! 그런 생각을 해봤습니다.

대한체육회의 통합에 이은 지방체육단체의 통합은 지역에 과제로 남아있다. 머리는 통합했지만 실제적으로 몸을 통합해야 하는 과정이며, 이런 가운데 지방체육단체가 단위사업 및 정책에 대한 실제적 역할을 담당하고 있다. 이런 가운데 문제점들을 해결해야 할 방안으로 지방체육회가 법적으로 인정을 받아야 하고, 재정적 안정권을 가져야 한다는 것이다.

2) 정책의 주도자: 정부, 지자체, 민선체육단체

문화체육관광부는 정책 중재자의 역할을 이행한다. 박근혜 정부가 출범하면서, 문화체육관광부가 오랫동안 통합 여부를 놓고 갈등을 빚어온 대한체육회와 국민생활체육회의 통합을 강제하기보다는 지원하겠다고 밝혔다. 문화체육관광부는 양 조직의 사무총장 회의에서 협력안을 제시하였는데, 그 주된 내용은 올림픽위원회를 포함한 대통합, 국민생활체육회의 법정법인화지지, 대한체육회장 임기가 만료되는 2017년 1월 통합, 지방 및 종목 단체의 자율통합 지향, 직원 고용승계, 예산과 기능, 그리고 조직 등에 있어서 동등한 통합, 불이행 시 양 기관의 행·재정적 불이익 감수, 상호양해협정 체결 후 빠른 시일 내 국민생활체육회의 법정법인화 및 통합단체출범 등의 법적 근거 마련을 위한 국민체육진흥법 개정을 추진하며 세부사항은 통합추진위원회를 구성하여 논의, 결정한다는 것이었다(박주한, 2015). 이와 더불어 문화체육관광부는 대한축구협회와 국민생활체육 축구연합회를 통합해 '1종목 1단체'를 실현하고 이를 시발점으로 대한체육회와 국민생활체육회의 통합 체제를 구축해 나가고자 했다. 물론 국민생활체육회가 협력안의 내용 상 대통합이 자신들이 그동안 주장해온 입장과는 상반되는 관계로 이사회와 대의원 총회에서 보고사항으로만 논의하고 종목별 단체와 전문가를 중심으로 단체통합에 대한 내부 의견을 조정하는 상태가 되면서 과거 통합논의 과정과 동일하게 대한올림픽위원회의 분리와 통합을 놓고서 줄다리기를 하는 양상이 빚어졌다. 하지만 이러한 문화체육관광부의 움직임이 있기 전에 대한체육회와 국민생활체육회 간의 갈등을 해소할 수 있었으며 통합에 이은 민선체육회(정치적 분리)장 선출, 지방체육회 법정법인화로 이어질 수 있었던 것으로 판단된다.

[표 7] 정책주도자와 정책행위자

정책주도자		정책행위자	
이강두	국회의원	박용성	대한체육회장
안민석	국회의원	김정행	대한체육회장
이경재	국회의원	이기흥	대한체육회장
김장실	국회의원	엄삼탁	국민생활체육회장
이동섭	국회의원	서상기	국민생활체육회장
이상헌	국회의원	강영중	국민생활체육회장
김수민	국회의원	김종민	문화체육관광부 장관
		유인촌	문화체육관광부 장관
		정병국	문화체육관광부 장관
		최광식	문화체육관광부 장관
		유진룡	문화체육관광부 장관
		김종덕	문화체육관광부 장관

체육단체 통합과 관련하여 정책의 주도자는 대부분이 국회의원이었다. 통합체육회와 관련하여 이강두 의원, 안민석 의원, 이경재 의원, 김장실 의원이 대표발의와 주도자의 역할을 하였고, 지자체장의 체육단체 겸직금지법과 관련하여서는 안민석 의원, 이동섭 의원이 지방체육 법정법인화와 관련하여서는 이상헌 의원과 김수민 의원이 정책의 주도자 역할을 하였다. 주요행위자는 박용성(대한체육회), 이기흥(대한체육회), 김종민(문화체육관광부), 유인촌(문화체육관광부), 유진룡(문화체육관광부), 엄삼탁(국민생활체육회), 서상기(국민생활체육회), 강영중(국민생활체육회)의 역할이 있었다.

지방체육단체의 이사회는 조직 내외부의 환경을 연결해 주는 기능을 수행한다. 비영리단체의 이사는 자원봉사자의 역할을 담당하고 있으며 이사진 개개인의 능력을 통합지역체육회에 활용할 수 있도록 하는 것이 핵심이다. 다만 이사회의 규모가 커질수록 정책결정 및 반영에 대한 조직 운영의 어려움이 나타날 수 있기 때문에 정관 개정을 통해 지역규모에 맞게 이사회의 크기를 결정해야 할 것이다.

조직의 구조적 측면에서 운영효율성을 높이기 위한 중요 요소는 예산편성이다. 지방체육단체의 통합은 유사사업에 지원되는 중복예산 및 경상비 절감으로 조직을 효과적으로 운영하기 위함이며, 한정된 예산으로 생활체육에서부터 엘리트체육까지 다양한 사업을 추진하고 이를 기반으로 스포츠선진국으로 도약하기 위한 노력의 일환이다. 그러나 한정된 재원으로 운영하는 지방체육단체에 단순히 예산절감만을 목적으로 하는 것은 신중한 태도를 보여야 할 것이다. 이 연구는 예산이 유지된 사례와 절감된 사례가 동시에 확인되었다. 특히, 예산이 절감된 사례는 운영경비 및 종목통합이 이루어지며 나타난 중복대회의 일괄적 예산지원과 운영경비의 축소였다.

통합시점에서 통합체육회의 효율적 운영을 위해 불필요한 운영재원 절감이 필요하다. 다만 단순히 운영재원 절감만이 효과적 운영을 위해 필요하다고 판단하기보다는 제한된 운영재원을 토대로 장기적 관점에서 지방체육단체가 자생할 수 있는 재원동원을 이끌어내는 것이 더욱 중요하다. 따라서 지역체육회는 공공체육시설의 운영 및 스포츠클럽 육성과 같은 다양한 재원확보를 위한 법적, 제도적 기준을 마련해야 할 것이다.

> 패널 6: 시·군·구 단위 체육회는 사실상 풀뿌리입니다. 문화체육조직의 풀뿌리이기 때문에. 이 시·군·구 단위 체육회를 지금 현재 고맙게도 공공스포츠클럽이 시·군·구 단위에서 지금 재생되고

있단 말이에요. 이것을 좀 확장해서... 시·군·단위 체육회를 이 체육 조직을 종목별로 다 가지고 있습니다. 종목별로 다 연계가 되기 때문에 시설 또한 시·군·구 단위에 배치가 되어 있어요. 이 종목별 시설을 종목별 협회, 종목별 연맹과 시·군·구 체육회와 연계를 시켜서, 시·군·구 체육회 조직 자체를 법인화로 전환을 하면서, 스포츠클럽 시스템으로 전환을 시켜버리는... 이렇게 되면, 자연스럽게 시·군 단위에 있는 공공체육시설을 활용한 활용도도 높아질 것이며, 또한 지역 주민들이 질 높은 서비스를 받으면서, 효과적인 체육 서비스를 받을 수 있지 않을까 싶습니다. 이 공공체육시설과 관련해서는 완전한 공공재는 어렵지만, 그렇다고 해서 사업적인 개념으로 수익에만 치중해서는 그 역할을 제대로 못한다고 생각합니다. 그런 걸로 보면, 기본적으로는 1차적으로는 시·군·구 단위에 있는 공공체육시설은 공공재로서의 역할을 기본적으로 충실히 하면서 부가적으로 수익을 창출할 수 있는 여건이 되면 수익을 창출해서 지방 재정 투입을 좀 줄여나가는 이런 시스템이 되어야 합니다.

또한 통합과정에서 직원들의 고용형태는 직책상 주임 혹은 팀장 직급 이상에서 정규직으로 전환되었다. 정규직으로의 전환은 직업안정성과 소득안정성을 확보함으로 조직에 대한 긍정적 효과를 촉진할 수 있다. 이를 뒷받침하기 위해 직원보수에 대한 명확한 규정을 제정하여 구성원의 조직 기여도를 높이기 위한 노력이 필요할 것이다. 하지만 정규직으로 전환된 인사가 단순히 그 일의 경험과 경력만으로 채용된 인사인지, 아니면 능력을 기반으로 공채로 선발된 합리적 인사인지는 장기적 측면에서 지역체육회의 성찰이 필요할 것이다. 공정하고 적절한 인사를 채용하기 위한 인사위원회와 같은 전문기구를 조직하여 채용의 투명성을 제고시켜야 할 것이다.

통합 전 생활체육회의 생활체육지도자의 경우 고용형태에 대한 변화는 나타나지 않았다. 이경훈, 유병인(2001)은 일반적으로 생활체육지도자들에게서 빈번하게 발생되는 문제점으로 신분에 관한 문제와 보수를 포함한 전반적 처우에 관한 문제를 언급하고 있다. 계약직 신분이라는 불안함과 근본적인 고용한계는 생활체육지도자들이 수행하고 있는 프로그램 전반에 대한 질적 저하를 초래하며 장기적으로 생활체육에 기반한 스포츠선진국으로의 도약에 저해요소로 작용할 수 있다. 따라서 생활체육지도자의 처우를 개선할 수 있는 중앙정부 및 지방자치단체의 중장기적 정책반영이 필요할 것으로 판단된다.

> 패널 3: 법정법인이 된다고 해서 반드시 예산이 수반되진 않지만, 법정법인이라는 게 특수법인입니다. 국민체육진흥법이라는 특별법에 따라서 공익적인 사무수행에 쓰는 단체, 법인은 안 되는 거고. 결과적으로 법정법인이 되면서 이 단체는 명확하게 공익적인 사업을 수행하는 법적으로 보장되는 단체입니다. 예. 그러면 물론 특수법인이 된다고 해서 100% 예산 지원이 된다는 건 아니겠지만, 이렇게 특수법인 단체, 공익적인 사업을 수행하는 단체 명확하지 않겠습니까? 법적 지위. 그러면 지원을 여기에 지원 안 하고 어디에 지원하겠습니까? 그렇다고 어떤 사단법인이 국민체육을 진흥하겠다는 대한민국체육회를 이렇게 지원하겠어요? 그건 아니거든요. 명확한 법적 지위를 두겠다는 건데. 그래서 여러분께서 많이 법 발의를 하셨는데, 7월에 이제 법이 국회의 문체위 소관 상임위원회 상정이 됐고요. 국회 문체위 법안소를 통과해서 법사위에 넘어갔는데 어쨌든 시·도체육회와 시·군·구체육회 법정법인을 해야 합니다.

정책 행위자의 행위에 영향을 미친 상대적 안정 변수는 국민체육진흥법 개정안의 통과와 생활체육진흥법의 제정이라고 할 수 있다. 하지만 갈등완화기에 접어들면서 대한체육회, 국민생활체육회, 문화체육관광부 모두 각자의 입장을 고수하기보다는 체육 행정의 선진화를 위한 '가치' 중심으로 급격히 기울었다. 2015년 3월에는 대한체육회와 국민생활체육회를 통합하는 국민체육진흥법 개정안이 국회 본회의를 통과하는 한편 생활체육진흥법이 제정되면서 그동안 사단법인이었던 국민생활체육회는 법정법인으로 출범하게 되었다. 지방체육단체의 법정법인은 지자체와 여러 가지로 해결해야 될 부분들이 많이 산재되어 있다.

> 패널 1: 앞으로는 지역체육회가 주체가 되었으니까, 지자체와 교육청 이런 데하고 협약을 맺는다면, 이런 쪽에 우리가 주제를 많이 발굴을 해가지고, 초·중까지는 결국은 클럽으로 가야 된다. …중략… 초·중까지... 그리고 고등학교 같은 경우에는 엘리트 부분은 지금 더 전문화되어야 합니다. 체육고등학교가 하나가 있을 문제가 아니고, 제1체육, 제2체육, 지방에도 심지어 제3체육. 고등학교까지. 대학에서 운영하는 레슬링이나 투기종목은 어떻게 하겠냐? 이런 거는 체육중학교가 있잖아요. 체육중학교를 통해서... 소위 말하는 올림픽 종목, 메달 딸 종목들은 그렇게 육성하면 되고, 나머지 초·중은 완전히 클럽화시켜야 되는 거고, 그리고 고등학교는 더 전문화시키는 거고, 대학가서는 대학은 취업 위주로 만들어야 돼요. …중략… 지역 실업팀은 스포츠단이 있는데... 스포츠단은 완전히 바꿔야 됩니다. 체제를 바꿔야. 그런 졸업생들을 받을 수 있는 고등학교 졸업생 중에도 괜찮은 선수들을 받아갖고. 바로 연계될 수 있는 이런 시스템을 갖춰야 한다.

궁극적으로 국민체육진흥법의 개정안의 통과와 생활체육진흥법이 제정, 지자체장의 체육회장 겸직금지, 지방체육 법정법인 등의 문제가 갈등을 야기하는 듯하였으나, 정책 주도자와 행위자의 결정과 대한체육회 및 국민생활체육회의 협의와 소통으로 이루어지게 된 것이다. 그렇지만 이 밖에도 해결해야 할 정책의 문제는 가지고 있다.

> 사회자: 그러고 보니 이제 그 저희가 염려할 수 있는 법인화가 된다 하더라도 이제 대한체육회라는 상급기관의 정관에 그 단체장이 그 취임, 인준, 승인을 받도록 되어 있습니다. 그 단체장이 승인, 선거에 당선이 되어 당선됨으로 인해서 당선증을 받았다 해가지고, 바로 회장으로서 효력을 갖는 것이 아니라, 대한체육회 회장이 승인을 해야 이제 그 공식적으로 대구시체육회장의 효력이 발생한다. 그런 게 정관상에 되어있는 거겠죠. 아무래도 이제. 그게 좀 법인화가 되면은 조금 더 법적인 효력을 갖출 수 있을 것이라고 보는데, 그게 과연 이제 우리가 이야기하는 그 지방 체육의 어떤 자율성 하고 맞느냐? 라는 부분도 저희가 좀 더 폭넓게 봐야 되지만요. 그 부분은 대한체육회도 마찬가지입니다. 문화체육관광부하고 그런 게 좀 걸려 있어 가지고. 예를 들어서 예전부터 지금 대한체육회하고 KOC 분리에 대해서 말씀을 딱 우리가 하는데.. 모순된 이야기를 하는 학자들 중에 한 분이 어떤 분이 있냐면은. 그러면 대한체육회장 그 승인 인준, 아니... 취임과 승인은 문화체육관광부장관이 하는데, KOC하고 지금 겸직하다 보면, KOC위원장도 문화체육장관이 승인하는 거 아니냐? 그럼 그게 IOC에서 얘기하는 정치 개입 불허에 위반되는 게 아니냐? 그게 모순 아니냐! 이제 이런 게 KOC와 대한체육회 분리를 막 이제 찬성하는 그런 분들이 이제 그 한 논리가 그 부분이 있는데요. 그런 게 지금 같이 그 IOC, 문화체육관광부 대한체육회, 대구광역시, 대구시체육회같이 비슷하게 좀 몰려 있는지... 그런 부분은 제가 볼 때는, 저도 제 개인적인 생각으로 봤을 때 모순이라고 봤습니다. 모순이라고 봤는데.... 그 부분이

어떻게 해결될지는 좀 더 지켜봐야 되고, 그게 자율성이 침해가 되는지도 이제 저희가 지켜봐야 하는 부분이 있습니다. 다만, 지방체육법인화라는 게 굉장히 뜨거운 이슈이기 때문에 그 뜨거운 이슈가 법인화가 되면 어떻게 그 지방체육 발전에 활용할 수 있느냐? 이게 그 그렇게 보면, 그렇게 된다고 보고, 지금 어 상정돼서 법안위까지 올라갔다고 그러면은 어떻게 될 수 있는데, 그러면 이제 그 국민체육진흥법이 개정될 것이고, 개정되는 거기에 뭐... 체육단체에 이제 대한체육회, 태권도진흥재단, 도핑방지위원회, 국민체육진흥공단 하면서 시·도체육회 뭐 바뀌겠죠. 그렇게 되면 우리 지역체육회를 포함한 모든 지방체육회는 어떻게 그 지위를 활용해서 그 지역 발전의 도움이 될 수 있는 정책을 세울 수 있는지?

체육단체 통합이라는 국민체육진흥법 개정안의 통과는 체육정책 변동의 촉진제 역할을 함으로써 기관차 효과를 불러일으켰다. 문화체육관광부와 지방체육단체가 합의점을 도출하면서 체육의 주도자로 나선 것으로 보여진다.

패널 3: 저는 지방체육회가 운영해야 되는지 안 해야 되는지, 명쾌하게 답할 수 없지만, 지방체육회 법정법인화가 이게 되면, 지방체육회의 안정화에 도움이 많이 될 거고요. 실제로 지방체육회도 시설을 위탁하고 싶어 합니다. 시설 위탁하고 싶어 하는데, 공유재산법에 지방체육회가 위탁할 수 있도록 수의계약할 수 있도록, 지금 조항을 넣으면 되는데, 그간에 법정단체가 아니고, 임의단체였기 때문에 그걸 못 넣었어요. 법정법인화가 돼버리면, 그걸 주장을 할 수 있는 거죠. 그래서 공유재산법에 수의계약할 수 있는 기관으로 명시를 해서 한다고 한다면, 수월하게 공공체육시설을 운영할 수 있을 것이다. 그리고 법정법인화가 되면 우리 실업팀들, 기업에서 운영하는 실업팀들이 더 많이 운영할 수 있을 거다라는 생각이에요. 왜냐면 현재도 조세특례법에 조세감면률을 해당하는 기업에 줄 수 있는 혜택을 높여 주는 겁니다. 이제 법정법인화되면, 더 많이 우리가 그것들을 더 요구할 수 있을 거라는 이야깁니다. 법인화가 되면 줄 수 있는 효과가 더 많다. 또한 지금 지역체육회 아니 지역 체육의 발전을 위해서는 정부정책을 봐야 한다라고 생각을 합니다. 지역체육회 발전을 위해서 지역체육회가 많은 역할을 하는데, 지방체육단체의 사업계획서를 좀 봤어요. 몇 년간의 사업계획서를 봤고, 기존사업을 계획 반복합니다. 예. 그리고 정부 정책 사업을 추진하지만, 그것을 앞서서 나가지 않고 있어요. 그냥 그 테두리 안에서 테두리 안에서만 추진을 하다 보니까, 어 그것들이 지역의 특성에 맞게 정부정책의 흐름에 발전시킬 수 있는데, 지금 그러하지 못하고 있는 것 같다는 생각이 들어요. 현재 정부정책은 얼마 전에 국민체육진흥법이 바뀌었습니다. 그래서 통합추진법 이렇게 해가지고 바뀌었는데, 결국 정부의 핵심 정책방향은 임의적으로 선수를 육성하지 않겠다라는 겁니다. 그러니까 물론 그 법이 바뀌고 정부정책이 굉장히 독설적인 걸 수도 있는데요.

문화체육관광부를 포함한 다양한 정책중개자들이 생겨났다. 특히 문화체육관광부는 대한체육회가 통합준비위원회 구성안을 놓고 다시금 반대 입장을 표명할 때, 대한체육회와 경기단체 및 지역체육회 관계자를 대상으로 체육조직 통합 관련 설명회를 개최함으로써 체육조직 통합의 내용과 과정이 그동안 양 조직에 정확히 공유되지 않아서 발생하는 오해나 근거 없는 주장들을 방지하는 차원이었다.

패널 3: 현재 시·도체육회가 대한체육회의 지부로서의 지위에 이유가 있는데, 지금으로서의 위치는 어느 정도 저희가 조직화에 대한 책임하에 있어서 임원의 인준이라는 부분을 가지고 있는 거죠. 예. 그래서 현재의 저희 방향은 많은 부분을 지방으로 권한을 이양을 하고 있는 상황이어서, 원래 임원을 다 인준을 했습니다. 회장을 포함해서 부회장, 이사 다 인준했는데, 그 저희가 저번 달에, 7월에 회장만 일단 인준하는 걸로 개정을 했습니다. 나머지는 나머지 임원에 대해서는 시·도에서 자율적으로 인준 없이 회장의 권한으로 해라, 라고 바꿨습니다. 그래서 임원 인준에 관한 것뿐만 아니라, 다른 권한도 지금 많이 이양을 하고 있는 상황입니다.

이상과 같이 2000년 이후 한국 체육정책의 주요 흐름들에 대한 여러 전문가들의 인터뷰를 통해 들어보았다. 이 표적집단면접을 통해 얻을 수 있었던 주요한 결과들은 첫째, 체육단체 통합이라는 체육정책을 통해 중앙정부와 지방자치단체, 대한체육회와 지방체육단체 간에 나타나는 실제적인 문제점을 해결해야 한다는 것에 초점이 맞춰진다. 즉, 생활체육과 엘리트체육이 통합함으로써 나타나는 경제적 효과, 체육단체 조직의 형태, 체육예산의 배정, 행정업무관련 시스템, 재정자립화가 이어지고 있다. 둘째, 통합체육, 법정법인화, 민선체육단체라는 정책의 변동은 2016년부터 2020년 현재까지 하나의 맥락으로 이어지고 있다. 특히, 대한체육회와 국민생활체육회가 통합함으로써 지방체육단체의 통합으로 이어졌고, 체육단체의 정치적 분리라는 국민체육진흥법의 개정이 곧 민선체육단체로 연결되었다. 민선체육단체로 조직이 불안정해지는 상황이 발생해 이를 해결하기 위한 법정법인화의 정책변동이 급물살을 타고 이어지고 있었다.

CHAPTER 5

체육정책 변동의 인식 및 효과 검증

CHAPTER 5 체육정책 변동의 인식 및 효과 검증

본 연구는 통합체육이 이루어진 시점부터 지금까지 정책의 변화를 다중흐름모형을 통해 분석하고 표적집단면접을 통해 '정책문제의 흐름'과 '정치적 흐름', '정책의 대안'과 '정책의 창과 정책주도자'에 대한 사항을 면밀히 살펴보았다. 이에 나타난 정책결정이 통합체육으로 이어지면서 국민체육진흥법의 개정 등을 통해 민선체육과 지방체육단체가 법인화되는 단계에 이르는 정책의 실현이 이루어지고 있다. 이에 따라 본 연구에서는 앞서 표적집단면접을 통해 도출된 주요 정책변동의 이슈들에 대한 질문지를 만들어 설문조사를 실시하였다. 첫째는 체육단체통합에 따른 지역체육 이해관계자 및 수혜자들에 대한 반응을 살펴보았다. 둘째는 체육단체 통합과 민선체육단체, 법정법인화와 관련된 정책변동에 대한 효과성을 밝히고자 하였다.

체육정책 변동에 대한 인식조사의 결과를 도출하기 위해 설문조사에 응답한 1,039명의 인구통계학적 특성에 따른 차이를 나타내고자 하였다. 체육정책 변동에 대한 설문 문항들은 표적집단면접을 통해 명목척도로 연구자가 구성하였다. 이에 따라 인구통계학적 특성인 성별, 연령, 직업에 따른 차이를 알아보고자 하였다. 자료처리 및 통계방법은 PASW 18.0 통계프로그램을 이용하였으며, 구체적인 분석 방법은 다음과 같다.

첫째, 설문조사에 참여한 조사자들의 인구통계학적 특성을 알아보기 위하여 빈도분석을 실시하였다.

둘째, 체육정책의 효과성에 관한 설문지의 타당성과 신뢰성 검정을 위하여 요인분석과 cronbach's α 계수를 산출하였다.

셋째, 명목척도 및 질적척도로 구성된 체육정책 변동요인에 대한 인구통계학적 특성에 따른 차이를 검정하기 위하여 교차분석을 실시하고, 유의성 검정은 피어슨(pearson)의 카이제곱(χ^2)을 통해 각 문항에서 통계적으로 기대할 수 있는 기대빈도(expected frequency)와 관찰빈도(observed frequency) 간에 얼마만큼 차이가 있는지를 카이제곱 분포(chi-squared distribution)를 통해 알아보았으며, 통계적 유의수준은 $p<.05$ 수준으로 설정하였다.

넷째, 통합체육정책의 효과성과 관련하여 5점 리커트(likert) 척도로 구성된 통합체육정책, 법정법인화, 민선체육단체, 정책반응에 대해 독립표본 t-검정, 일원변량분석을 실시하였으며, 사후검증은 Tukey의 방법을 실시하였고, 통계적 유의수준은 $p<.05$를 기준으로 하였다.

본 연구에서는 독립변수의 등분산 가정을 위해 인구통계학적 변인 중 연령과 직업군을 통계적으로 적합하게 변경하였다. [표 8]은 체육단체통합에 따른 인식조사를 위해 인구통계학적 변수를 연구의 목적에 맞게 변형시킨 결과이다.

[표 8] 인구통계학적 변수의 변경결과

구분	변경 전			변경 후		
	내용	N	%	내용	N	%
성별	남자	732	64.3	남자	732	64.3
	여자	407	35.7	여자	407	35.7
	합계	1139	100.0	합계	1139	100.0
연령	20대	122	10.7	30대 이하	316	27.7
	30대	194	17.0			
	40대	405	35.6	40대	405	35.6
	50대	358	31.4	50대 이상	418	36.7
	60대 이상	60	5.3			
	합계	1139	100.0	합계	1139	100.0
직업	지도자	341	29.9	고관여집단 (지도자, 선수, 시·군·구 및 체육회 직원, 종목단체 및 이해관계자)	646	56.7
	선수	93	8.2			
	동호인(일반인)	448	39.3			
	시·군·구직원	13	1.1			
	체육회직원	80	7.0			
	종목단체관계자	102	9.0	저관여집단 (동호인, 기타)	493	43.3
	이해관계자	17	1.5			
	기타	45	4.0			
	합계	1139	100.0	합계	1139	100.0

인구통계학적 특성변수인 성별과 연령은 등분산이 가정되는 조건을 만족시키기 위하여 20대는 30대와 60대 이상을 50대 이상으로 통합하여 등분산을 가정하는 요건을 충족하도록 변경하였다. 또한 설문조사에서 직업변수는 기존 8개의 직군으로 전문가들과 함께 분류하였는데, '체육정책의 종사자와 수혜자'라는 기준 변수를 중심으

로 관여도가 높은 집단과 낮은 집단으로 분류할 수 있었다. 관여도가 높은 집단은 체육단체에 종사하고 있는 시·군·구 직원, 지도자, 선수, 체육회 직원, 회원종목단체 관계자, 이해관계자 등으로 구분할 수 있으며, 관여도가 낮은 집단은 동호인(일반인)과 기타에 해당하는 직군으로 분류할 수 있었다. 인구통계학적 변수 중 거주지역은 본 연구의 목적과 결과를 도출하는 것에 유의한 결과를 나타낼 수 없으므로 인식조사의 결과에서 제외하였다.

인구통계학적 변수의 변경은 평균차이 분석을 위한 통계학적 기준과 등분산의 가정을 위해 변경하였으며, 성별은 조건을 만족하므로 그대로 두었다. 연령은 '30대 이하' 316명(27.7%), '40대' 405명(35.6%), '50대 이상' 418명(36.7%)로 나타났다. 직업에서 기준 변수를 중심으로 고관여집단은 646명(56.7%), 저관여집단은 493명(43.3%)으로 나타났다.

본 연구에서 Kingdon의 다중흐름모형 분석을 통해 도출한 주요 정책적 이슈들은 체육단체통합과 민선체육단체의 출현, 지방체육단체의 법정법인화에 관한 것이었다. 표적집단면접이라는 질적연구를 바탕으로 다음과 같이 13개의 주요 문제들을 도출할 수 있었다. [표 9]는 설문조사에 포함될 주요 체육정책 내용들을 나열한 것이다.

[표 9] 통합체육 정책에 관한 인식조사의 주요 내용

연번	인식조사 내용	연번	인식조사 내용
1	중앙정부와 지자체의 체육정책	8	통합체육회로 인한 행정업무 효율성 증대
2	지자체의 체육정책 실현	9	국민체육진흥법에 의한 정치적 분리 문제
3	생활체육과 엘리트체육 통합	10	생활체육과 엘리트체육 정책에 관한 인식
4	체육단체 통합에 기대되는 발전	11	중앙정부와 지방체육단체의 소통
5	통합체육으로 인한 경제적 효과	12	지방체육단체의 재정자립화
6	통합체육회의 역할과 기능	13	지방체육단체의 조직 형태
7	통합체육회의 유형		

다음으로 체육단체통합과 민선체육, 법정법인화, 정책대응과 관련하여 효과성을 검정하는 설문 문항들은 5점 리커트 척도로 구성되어 있다. 세부 항목으로는 통합의 긍정적 효과 5문항, 통합의 부정적 효과 2문항, 법정법인화 1문항, 민선체육단체 1문항, 정책대응 1문항 총 10문항으로 구성하였다.

[표 10] 체육정책의 효과성에 대한 질문 내용

항목	구분	내용	형태	척도
문1	통합체육	엘리트체육의 기반을 확보	긍정형	5 likert
문2		생활체육의 활성화	긍정형	5 likert
문3		국가올림픽위원회(NOC)의 역할과 위상 강화	긍정형	5 likert
문4		체육복지 정책의 활성화	긍정형	5 likert
문5		지방체육단체의 기능과 역할 강화	긍정형	5 likert
문6		생활체육의 위축	부정형	5 likert
문7		엘리트체육의 위축	부정형	5 likert
문8	법정법인화	전체적인 체육 예산의 축소	긍정형	5 likert
문9	민선체육 단체	지방체육단체 조직의 확대	긍정형	5 likert
문10	정책대응	지방체육단체의 정책대응	긍정형	5 likert

체육정책의 효과성을 검정하기 위해 통합체육과 관련된 7개의 문항에 대해서 탐색적 요인분석(exploratory factor analysis)과 chron-bach's α 계수 산출을 통해 각 설문 문항에 대한 타당성과 신뢰성을 확보하였다.

[표 11] 통합체육 변인의 요인분석 및 신뢰도 분석

문항	긍정적 효과	부정적 효과	Chronbach's α
문3: NOC의 역할과 위상	.883	.013	.900
문5: 조직의 기능과 역할 증진	.872	-.052	
문2: 생활체육의 활성화	.848	-.156	
문1: 엘리트체육의 기반확충	.830	-.093	
문4: 체육복지의 활성화	.796	.208	
문6: 생활체육의 위축	-.036	.797	.264
문7: 엘리트체육의 위축	-.004	.697	
고유치(eigen value)	3.587	1.194	
분산률(%)	51.239	17.057	
누적률(%)	51.239	68.296	

<표 11>은 통합체육 요인에 대한 직각회전 요인분석이며, 총 2개의 요인으로 뚜렷하게 분류되었고 긍정적 효과 요인의 고유치는 3.587, 부정적 효과 요인의 고유치는 1.194로 나타났다. 2개의 요인이 전체 변수를 설명하는 비율은 68.296%로 나타났다. 긍정적 효과 변인의 문항 간 내적 신뢰도분석 결과 긍정적 효과는 .900으로 나타났으나, 부정적 효과에 관한 2문항의 신뢰도는 .264로 낮게 나타나 통계분석에서 제외하였다.

한편, 법정법인화와 민선체육단체에 관한 변인은 총 3문항으로 요인분석 및 신뢰도 분석의 의미가 없으므로 각 문항에 대한 개별적인 통계를 적용하여 결과를 도출하였다.

1 체육단체통합 정책변동의 인식조사 결과

체육단체의 통합은 문화체육관광부 산하의 법정법인인 통합된 대한체육회에 따라 지역의 체육단체들로 통합하는 방향으로 결정되었다. 이는 지역에 거점을 두고 있는 체육단체들의 법적 지위가 모호한 것으로 상위단체인 대한체육회가 통합되면서 자연스럽게 지방체육단체들도 통합하는 절차에 따라 진행되었음을 앞 장에서 밝혀두었다. 본 연구에서는 체육단체의 통합으로 인해 지방체육단체에 종사하고 있는 실무자와 하위단체 시·군·구 체육회 직원, 지도자, 선수 등과 같은 이해관계자와 체육동호인과 같은 수혜자들이 인식하는 체육단체통합의 정책변동에 관한 내용을 분석하고자 하였다. 인구통계학적 변인으로 성별, 연령, 관여도에 따라 교차분석(cross tab analysis)을 실시하고, 유의성 검정은 피어슨(pearson)의 카이제곱(χ^2)을 통해 질적 문항들에 대한 각각의 차이를 나타내었다. 또한 5점 리커트 척도로 구성된 문항은 독립표본 t-검정과 일원변량분석을 실시하였으며, 통계적 유의수준은 $p<.05$로 분석하였다.

[표 12] 중앙정부와 지방자치단체의 체육정책 인식 차이(N(%))

구분	변인	중앙정부와 지방자치단체의 체육정책					
		국가중심 체육정책	지방중심 체육정책	체육과 정치 무관	잘 모름	전체	χ^2
성별	남자	128 11.2	451 39.6	105 9.2	48 4.2	732 64.3	12.660** p<.005
	여자	70 6.1	222 19.5	65 5.7	50 4.4	407 35.7	
	계	198 17.4	673 59.1	170 14.9	98 8.6	1,139 100.0	
연령	30대 이하	59 5.2	165 14.5	47 4.1	45 4.0	316 27.7	23.968** p<.001
	40대	74 6.5	243 21.3	56 4.9	32 2.8	405 35.6	
	50대 이상	65 5.7	265 23.3	67 5.9	21 1.8	418 36.7	
	계	198 17.4	673 59.1	170 14.9	98 8.6	1,139 100.0	
관여도	고관여	131 11.5	358 31.4	91 8.0	66 5.8	646 56.7	15.810** p<.001
	저관여	67 5.9	315 27.7	79 6.9	32 2.8	493 43.3	
	계	198 17.4	673 59.1	170 14.9	98 8.6	1,139 100.0	

**: $p<.01$

[표 12]는 중앙정부와 지방자치단체의 체육정책에 대한 인식의 차이를 분석한 결과이다. 전체에서 '지방중심의 체육정책이 필요하다'는 인식이 673명(59.1%)으로 가장 높게 나타났으며, 성별에서는 남자가 451명(39.6%), 여자가 222명(19.5%)으로 $\chi^2=12.660(p<.005)$

로 나타나 성별에 따른 인식 차이가 통계적으로 유의하게 나타났다. 연령에 따라서는 50대 이상이 265명(23.3%), 40대 243명(21.3%), 30대 이하 165명(14.5%)의 순으로 나타났으며 χ^2=23.968($p<.001$)로 나타나 연령에 따른 인식 차이가 통계적으로 유의하게 나타났다. 관여도에 따른 집단 간의 차이는 고관여 집단이 358명(31.4%), 저관여 집단이 315명(27.7%)의 순이며 χ^2=15.810($p<.001$)로 나타나 관여도에 따른 인식 차이는 통계적으로 유의하게 나타났다. '국가중심의 체육정책이 필요하다'라는 인식이 198명(17.4%), '체육과 정치는 무관하다'라는 인식이 170명(14.9%). '잘 모르겠다'가 98명(8.6%)의 순으로 나타났다.

[표 13] 지방의 체육정책에 대한 인식 차이

구분	변인	통계량					
지자체 체육정책 인식	성별	구분	N	Mean	SD	t	p
		남자	732	2.994	.960	-2.549*	.011
		여자	407	3.137	.877		
	연령	구분	N	Mean	SD	F	Post-Hoc
		30대 이하	316	3.113	1.010	1.172	-
		40대	405	3.017	.934		
		50대 이상	418	3.021	.868		
	관여도	구분	N	Mean	SD	t	p
		고관여 집단	646	3.060	.952	.613	.540
		저관여 집단	493	3.026	.909		

*: $p<.05$

[표 13]은 지방자치단체가 실시하는 체육정책에 대한 인식의 차이를 분석할 결과이다. 성별은 독립표본 t−검정을 실시하였으며, 남자는 2.994±.960으로 나타났으며, 여자는 3.137±.877로 나타났다. t−검정 결과 여자가 남성보다 지자체의 체육정책을 높이 평가하는 것으로 나타났다($t=-2.549$, $p<.011$). 연령에 따른 인식의 차이를 알아보기 위해 일원변량분석을 실시하였다. 30대 이하는 3.113±1.010으로 나타났으며, 40대는 3.017±.934로 나타났고, 50대 이상은 3.021±.868로 나타났다. 연령에 따른 지방자치단체의 체육정책에 대한 F−검정 결과 인식의 차이는 통계적인 유의차가 나

타나지 않았다(F=1.172, p>.310). 관여도에 따른 인식의 차이를 알아보기 위해 독립표본 t-검정을 실시하였다. 고관여 집단은 3.060±.952로 나타났으며, 저관여 집단은 3.026±.909로 나타났다. 관여도에 따른 지방자치단체 체육정책의 인식에서는 통계적인 유의차가 나타나지 않았다(t=.613, p<.540).

[표 14] 생활체육과 엘리트체육의 통합에 대한 인식 차이(N(%))

구분	변인	생활체육과 엘리트체육의 통합				
		통합 잘한 일	기존대로 분리	잘 모름	전체	x^2
성별	남자	334 29.3	328 28.8	70 6.1	732 64.3	27.838*** p<.000
	여자	139 12.2	189 16.6	79 6.9	407 35.7	
	계	473 41.5	517 45.4	149 13.1	1,139 100.0	
연령	30대 이하	110 9.7	142 12.5	64 5.6	316 27.7	25.902*** p<.000
	40대	165 14.5	193 16.9	47 4.1	405 35.6	
	50대 이상	198 17.4	182 16.0	38 3.3	418 36.7	
	계	473 41.5	517 45.4	149 13.1	1,139 100.0	
관여도	고관여	252 22.1	311 27.3	83 7.3	646 56.7	4.831 p<.089
	저관여	221 19.4	206 18.1	66 5.8	493 43.3	
	계	473 41.5	517 45.4	149 13.1	1139 100.0	

***: p<.001

[표 14]는 생활체육과 엘리트체육의 통합에 대한 인식의 차이를 분석한 결과이다. 전체에서 '기존대로 분리되는 것이 좋다'라는 인식이 517명(45.4%)으로 가장 높게 나타났으며, 성별에서는 남자가 328명(28.8%), 여자가 189명(16.6%)으로 $\chi^2=27.838(p<.000)$로 나타나 성별에 따른 인식 차이가 통계적으로 유의하게 나타났다. 연령에 따라서는 40대가 193명(16.9%), 50대 이상 182명(16.0%), 30대 이하 142명(12.5%)의 순으로 나타났으며 $\chi^2=25.902(p<.000)$로 나타나 연령에 따른 인식 차이가 통계적으로 유의하게 나타났다. 관여도에 따른 집단 간의 차이는 고관여 집단이 311명(27.3%), 저관여 집단이 206명(18.1%)의 순이며 $\chi^2=4.831(p<.089)$로 나타나 관여도에 따른 인식 차이는 통계적인 유의차가 나타나지 않았다. 다음으로 '통합은 잘한 것'이라는 인식이 473명(41.5%), '잘 모르겠다'라는 인식이 149명(13.1%)의 순으로 나타났다.

[표 15] 통합체육 정책에 대한 기대인식 차이(N(%))

구분	변인	통합체육 정책에 의한 기대되는 발전 방향					χ^2
		생활체육 확산	엘리트 체육 기반 확보	국민 체육의 진흥	기타	전체	
성별	남자	169 32.5	50 9.6	138 26.5	1 0.2	358 68.8	2.502 $p<.475$
	여자	74 14.2	27 5.2	59 11.3	2 0.4	162 31.2	
	계	243 46.7	77 14.8	197 37.9	3 0.6	520 100.0	
연령	30대 이하	57 11.0	23 4.4	46 8.8	1 0.2	127 24.4	5.597 $p<.470$
	40대	82 15.8	29 5.6	65 12.5	2 0.4	178 34.2	
	50대 이상	104 20.0	25 4.8	86 16.5	0 0.0	215 41.3	
	계	243 46.7	77 14.8	197 37.9	3 0.6	520 100.0	
관여도	고관여	107 20.6	50 9.6	119 22.9	2 0.4	278 53.5	16.786** $p<.001$
	저관여	136 26.2	27 5.2	78 15.0	1 0.2	242 46.5	
	계	243 46.7	77 14.8	197 37.9	3 0.6	520 100.0	

**: $p<.01$

[표 15]는 통합체육 정책에 대한 기대하는 인식의 차이를 분석한 결과이다. 전체에서 '생활체육이 더욱 확산될 것'이라는 인식이 243명(46.7%)으로 가장 높게 나타났으며, 성별에서는 남자가 169명(32.5%), 여자가 74명(14.2%)으로 $\chi^2=2.502(p<.475)$로 나타나 성별에 따른 인식 차이는 통계적인 유의차가 나타나지 않았다. 연령에

따라서는 50대 이상이 104명(20.0%), 40대 82명(15.8%), 30대 이하 57명(11.0%)의 순으로 나타났으며 $\chi^2=5.597(p<.470)$로 나타나 연령에 따른 인식 차이는 통계적인 유의차가 나타나지 않았다. 관여도에 따른 집단 간의 차이는 저관여 집단이 136명(26.2%), 고관여 집단이 107명(20.6%)의 순이며 $\chi^2=16.786(p<.001)$로 나타나 관여도에 따른 인식 차이가 통계적으로 유의하게 나타났다. '통합체육으로 국민체육 진흥의 실현'이라는 인식이 197명(37.9%), '엘리트체육의 기반을 더욱 확보될 것'이라는 인식이 77명(14.8%)의 순으로 나타났다.

[표 16] 통합체육 정책으로 인한 경제적 효과 인식 차이(*N*(%))

구분	변인	통합체육 정책에 의한 경제적 기대효과				
		예산 절감	예산의 확대	잘 모름	전체	χ^2
성별	남자	144 27.8	165 31.9	46 8.9	355 68.5	8.100* $p<.017$
	여자	52 10.0	75 14.5	36 6.9	163 31.5	
	계	196 37.8	240 46.3	82 15.8	518 100.0	
연령	30대 이하	46 8.9	61 11.8	18 3.5	125 24.1	2.107 $p<.716$
	40대	74 14.3	76 14.7	28 5.4	178 34.4	
	50대 이상	76 14.7	103 19.9	36 6.9	215 41.5	
	계	196 37.8	240 46.3	82 15.8	518 100.0	
관여도	고관여	101 19.5	134 25.9	40 7.7	275 53.1	1.528 $p<.466$
	저관여	95 18.3	106 20.5	42 8.1	243 46.9	
	계	196 37.8	240 46.3	82 15.8	518 100.0	

*: $p<05$

[표 16]은 통합체육 정책으로 인한 경제적 효과에 대한 인식의 차이를 분석한 결과이다. 전체에서 '통합체육으로 예산이 확대될 것'이라는 인식이 240명(46.3%)으로 가장 높게 나타났으며, 성별에서는 남자가 165명(31.9%), 여자가 75명(14.5%)으로 $\chi^2=8.100$ ($p<.017$)로 나타나 성별에 따른 인식 차이는 통계적으로 유의하게 나타났다. 연령에 따라서는 50대 이상이 103명(19.9%), 40대 76명(14.7%), 30대 이하 61명(11.8%)의 순으로 나타났으며 $\chi^2=2.107$($p<.716$)로 나타나 연령에 따른 인식 차이는 통계적인 유의차가 나타나지 않았다.

관여도에 따른 집단 간의 차이는 고관여 집단이 134명(25.9%), 저관여 집단이 106명(20.5%)의 순이며 $\chi^2=1.528(p<.466)$로 나타나 관여도에 따른 인식 차이는 통계적인 유의차가 나타나지 않았다. 다음으로 '통합체육으로 이중구조인 체육 예산이 절감될 것'이라는 인식이 196명(37.8%), '잘 모르겠다'라는 인식이 82명(15.8%)의 순으로 나타났다.

[표 17] 통합체육의 기능과 역할에 대한 인식 차이(N(%))

구분	변인	통합체육의 기능과 역할						χ^2
		통합으로 확대	생활체육 위축	엘리트 체육 위축	잘 모름	기타	전체	
성별	남자	193 16.9	226 19.8	162 14.2	149 13.1	2 0.2	732 64.3	11.233* p<.024
	여자	80 7.0	129 11.3	88 7.7	110 9.7	0 0.0	407 35.7	
	계	273 24.0	355 31.2	250 21.9	259 22.7	2 0.2	1139 100.0	
연령	30대 이하	75 6.6	72 6.3	86 7.6	81 7.1	2 0.2	316 27.7	30.782*** p<.000
	40대	87 7.6	138 12.1	97 8.5	83 7.3	0 0.0	405 35.6	
	50대 이상	111 9.7	145 12.7	67 5.9	95 8.3	0 0.0	418 36.7	
	계	273 24.0	355 31.2	250 21.9	259 22.7	2 0.2	1139 100.0	
관여도	고관여	147 12.9	191 16.8	187 16.4	120 10.5	1 0.1	646 56.7	46.860*** p<.000
	저관여	126 11.1	164 14.4	63 5.5	139 12.2	1 0.1	493 43.3	
	계	273 24.0	355 31.2	250 21.9	259 22.7	2 0.2	1139 100.0	

*: $p<.05$; ***: $p<.001$

[표 17]은 통합체육의 기능과 역할에 대한 인식의 차이를 분석한 결과이다. 전체에서 '생활체육의 역할과 기능이 위축될 것'이라는 인식이 355명(31.2%)으로 가장 높게 나타났으며, 성별에서는 남자가 226명(19.8%), 여자가 129명(11.3%)으로 $\chi^2=11.233(p<.024)$로 나타나 성별에 따른 인식 차이는 통계적으로 유의하게 나타났다. 연령에

따라서는 50대 이상이 145명(12.7%), 40대 138명(12.1%), 30대 이하 72명(6.3%)의 순으로 나타났으며 $\chi^2=30.782(p<.000)$로 나타나 연령에 따른 인식 차이는 통계적으로 유의하게 나타났다. 관여도에 따른 집단 간의 차이는 고관여 집단이 191명(16.8%), 저관여 집단이 164명(14.4%)의 순이며 $\chi^2=46.860(p<.000)$로 나타나 관여도에 따른 인식 차이는 통계적으로 유의하게 나타났다. 다음으로 '통합체육으로 기능과 역할이 더욱 견고해질 것'이라는 인식이 273명(24.0%), '엘리트체육이 위축될 것'이라는 인식이 250(21.9%)의 순으로 나타났다.

[표 18] 통합체육회의 유형에 대한 인식 차이(N(%))

구분	변인	통합체육회의 유형						χ^2
		지자체 산하 독립 기구	법정법인	재단법인 설립	잘 모름	기타	전체	
성별	남자	294 25.8	101 8.9	184 16.2	151 13.3	2 0.2	732 64.3	27.630*** p<.000
	여자	121 10.6	62 5.4	88 7.7	136 11.9	0 0.0	407 35.7	
	계	415 36.4	163 14.3	272 23.9	287 25.2	2 0.2	1139 100.0	
연령	30대 이하	97 8.5	59 5.2	59 5.2	100 8.8	1 0.1	316 27.7	27.080** p<.001
	40대	144 12.6	57 5.0	105 9.2	98 8.6	1 0.1	405 35.6	
	50대 이상	174 15.3	47 4.1	108 9.5	89 7.8	0 0.0	418 36.7	
	계	415 36.4	163 14.3	272 23.9	287 25.2	2 0.2	1139 100.0	
관여도	고관여	207 18.2	109 9.6	155 13.6	173 15.2	2 0.2	646 56.7	17.767** p<.001
	저관여	208 18.3	54 4.7	117 10.3	114 10.0	0 0.0	493 43.3	
	계	415 36.4	163 14.3	272 23.9	287 25.2	2 0.2	1139 100.0	

**: $p<.01$; ***: $p<.001$

[표 18]은 통합체육의 유형에 대한 인식의 차이를 분석한 결과이다. 전체적으로 '지자체 산하 독립기구로 존재해야 한다'라는 인식이 415명(36.4%)으로 가장 높게 나타났다. 성별에서는 남자가 294명(25.8%), 여자가 121명(10.6%)으로 $\chi^2=27.630$(p<.000)로 나타나 성

별에 따른 인식 차이는 통계적으로 유의하게 나타났다. 연령에 따라서는 50대 이상이 174명(15.3%), 40대 144명(12.6%), 30대 이하 97명(8.5%)의 순으로 나타났으며 $\chi^2=27.080(p<.001)$로 나타나 연령에 따른 인식 차이는 통계적으로 유의하게 나타났다. 관여도에 따른 집단 간의 차이는 저관여 집단이 208명(18.3%), 고관여 집단이 207명(18.2%)의 순이며 $\chi^2=17.767(p<.001)$로 나타나 관여도에 따른 인식 차이는 통계적으로 유의하게 나타났다. 다음으로 '잘 모르겠다'가 287명(25.2%), '재단법인의 설립'이 272명(23.9%), '기타'가 2명(0.2%)의 순으로 나타났다.

[표 19] 통합체육회로 인한 행정업무의 효율성에 대한 인식 차이(N(%))

구분	변인	통합체육회의 행정업무 효율성						χ^2
		행정업무 편리	민원소통 용이	행정업무 차이없음	복잡 혼란	기타	전체	
성별	남자	150 13.2	143 12.6	235 20.6	180 15.8	24 2.1	732 64.3	7.920 p<.095
	여자	76 6.7	77 6.8	115 10.1	114 10.0	25 2.2	407 35.7	
	계	226 19.8	220 19.3	350 30.7	294 25.8	49 4.3	1139 100.0	
연령	30대 이하	47 4.1	56 4.9	97 8.5	97 8.5	19 1.7	316 27.7	16.879* p<.031
	40대	86 7.6	76 6.7	124 10.9	99 8.7	20 1.8	405 35.6	
	50대 이상	93 8.2	88 7.7	129 11.3	98 8.6	10 0.9	418 36.7	
	계	226 19.8	220 19.3	350 30.7	294 25.8	49 4.3	1139 100.0	
관여도	고관여	106 9.3	134 11.8	183 16.1	195 17.1	28 2.5	646 56.7	24.305*** p<.001
	저관여	120 10.5	86 7.6	167 14.7	99 8.7	21 1.8	493 43.3	
	계	226 19.8	220 19.3	350 30.7	294 25.8	49 4.3	1139 100.0	

*: $p<.05$; ***: $p<.001$

[표 19]는 통합체육으로 인한 행정업무의 효율성에 대한 인식의 차이를 분석한 결과이다. 전체적으로 '통합체육이지만 행정업무는 바뀐 것이 없다'라는 인식이 350명(30.7%)으로 가장 높게 나타났다.

성별에서는 남자가 235명(20.6%), 여자가 115명(10.1%)으로 χ^2=7.920(p<.095)로 나타나 성별에 따른 인식 차이는 통계적인 유의차가 나타나지 않았다. 연령에 따라서는 50대 이상이 129명(11.3%), 40대 124명(10.9%), 30대 이하 97명(8.5%)의 순으로 나타났으며 χ^2=16.879(p<.031)로 나타나 연령에 따른 인식 차이는 통계적으로 유의하게 나타났다. 관여도에 따른 집단 간의 차이는 저관여 집단이 120명(10.5%), 고관여 집단이 106명(9.3%)의 순이며 χ^2=24.305(p<.001)로 나타나 관여도에 따른 인식 차이가 통계적으로 유의하게 나타났다. 다음으로 '행정업무가 더 복잡하고 혼란하다'가 294명(25.8%), '행정업무 편리'가 226명(19.8%), '민원소통이 용이하다'가 220명(19.3%)의 순으로 나타났다.

[표 20] 국민체육진흥법 개정의 정치적 분리에 대한 인식 차이(*N*(%))

구분	변인	국민체육진흥법 개정에 따른 체육과 정치의 분리					χ^2
		체육과 정치 분리	분리되어 있음	정치와 통합	잘 모름	전체	
성별	남자	473 41.5	30 2.6	132 11.6	97 8.5	732 64.3	21.112*** $p<.000$
	여자	226 19.8	14 1.2	70 6.1	97 8.5	407 35.7	
	계	699 61.4	44 3.9	202 17.7	194 17.0	1139 100.0	
연령	30대 이하	168 14.7	13 1.1	62 5.4	73 6.4	316 27.7	27.644*** $p<.000$
	40대	240 21.1	21 1.8	72 6.3	72 6.3	405 35.6	
	50대 이상	291 25.5	10 .9	68 6.0	49 4.3	418 36.7	
	계	699 61.4	44 3.9	202 17.7	194 17.0	1139 100.0	
관여도	고관여	364 32.0	28 2.5	133 11.7	121 10.6	646 56.7	16.373** $p<.001$
	저관여	335 29.4	16 1.4	69 6.1	73 6.4	493 43.3	
	계	699 61.4	44 3.9	202 17.7	194 17.0	1139 100.0	

**: $p<.01$; ***: $p<.001$

[표 20]은 국민체육진흥법 개정에 따른 체육과 정치의 분리에 대한 인식의 차이를 분석한 결과이다. 전체적으로 '체육과 정치는 분리되어야 한다'라는 인식이 699명(61.4%)으로 가장 높게 나타났다. 성별에서는 남자가 473명(41.5%), 여자가 226명(19.8%)으로 $\chi^2=21.112(p<.000)$로 나타나 성별에 따른 인식 차이는 통계적으로 유의하게 나타났다. 연령에 따라서는 50대 이상이 291명(25.5%), 40대 240명(21.1%), 30대 이하 168명(14.7%)의 순으로 나타났으며 $\chi^2=$

27.644($p<.000$)로 나타나 연령에 따른 인식 차이는 통계적으로 유의하게 나타났다. 관여도에 따른 집단 간의 차이는 고관여 집단이 320명(32.0%), 저관여 집단이 335명(29.4%)의 순이며 $\chi^2=16.373$ ($p<.001$)로 나타나 관여도에 따른 인식 차이가 통계적으로 유의하게 나타났다. 다음으로 '정치와 통합해야 한다'가 202명(17.7%), '잘 모르겠다'가 194명(17.0%), '현재 체육과 정치는 분리되어 있음'이 44명(3.9%)의 순으로 나타났다.

[표 21] 엘리트체육 정책에 대한 인식 차이(N(%))

구분	변인	엘리트체육 정책: 생활체육과 별개	생활체육의 밑거름	엘리트체육의 토대	학교생활체육 육성	엘리트체육 폐지	전체	χ^2
성별	남자	308 27.0	83 7.3	84 7.4	229 20.1	28 2.5	732 64.3	10.655* $p<.031$
	여자	141 12.4	58 5.1	67 5.9	128 11.2	13 1.1	407 35.7	
	계	449 39.4	141 12.4	151 13.3	357 31.3	41 3.6	1139 100.0	
연령	30대 이하	117 10.3	42 3.7	55 4.8	95 8.3	7 0.6	316 27.7	11.984 $p<.152$
	40대	153 13.4	54 4.7	49 4.3	131 11.5	18 1.6	405 35.6	
	50대 이상	179 15.7	45 4.0	47 4.1	131 11.5	16 1.4	418 36.7	
	계	449 39.4	141 12.4	151 13.3	357 31.3	41 3.6	1139 100.0	
관여도	고관여	255 22.4	77 6.8	88 7.7	212 18.6	14 1.2	646 56.7	9.948* $p<.041$
	저관여	194 17.0	64 5.6	63 5.5	145 12.7	27 2.4	493 43.3	
	계	449 39.4	141 12.4	151 13.3	357 31.3	41 3.6	1139 100.0	

*: $p<.05$

[표 21]은 엘리트체육 정책에 대한 인식의 차이를 분석한 결과이다. 전체적으로 '엘리트체육은 생활체육과 별개로 육성되고 지원되

어야 한다'라는 인식이 449명(39.4%)으로 가장 높게 나타났다. 성별에서는 남자가 308명(27.0%), 여자가 141명(12.4%)으로 $\chi^2=10.655$ ($p<.031$)로 나타나 성별에 따른 인식 차이는 통계적으로 유의하게 나타났다. 연령에 따라서는 50대 이상이 179명(15.7%), 40대 153명(13.4%), 30대 이하 117명(10.3%)의 순으로 나타났으며 $\chi^2=11.984$ ($p<.152$)로 나타나 연령에 따른 인식 차이는 통계적인 유의차가 나타나지 않았다. 관여도에 따른 집단 간의 차이는 고관여 집단이 255명(22.4%), 저관여 집단이 194명(17.0%)의 순이며 $\chi^2=9.948$ ($p<.041$)로 나타나 관여도에 따른 인식 차이가 통계적으로 유의하게 나타났다. 다음으로 '생활 및 학교체육 더욱 활성화'가 357명(31.3%), '엘리트체육의 토대'가 151명(13.3%), '생활체육의 밑거름'이 141명(12.4%)의 순으로 나타났다.

[표 22] 중앙정부와 지방체육단체의 소통에 대한 인식 차이(*N*(%))

구분	변인	중앙정부와 지방체육단체의 소통						χ^2
		지역체육 반영 잘됨	지방체육 만의 정책	중앙정부 반영 잘됨	잘 모름	기타	전체	
성별	남자	88 7.7	352 30.9	28 2.5	259 22.7	5 0.4	732 64.3	19.378** $p<.001$
	여자	36 3.2	155 13.6	18 1.6	196 17.2	2 0.2	407 35.7	
	계	124 10.9	507 44.5	46 4.0	455 39.9	7 0.6	1139 100.0	
연령	30대 이하	45 4.0	114 10.0	13 1.1	139 12.2	5 0.4	316 27.7	25.997** $p<.001$
	40대	38 3.3	178 15.6	18 1.6	169 14.8	2 0.2	405 35.6	
	50대 이상	41 3.6	215 18.9	15 1.3	147 12.9	0 0.0	418 36.7	
	계	124 10.9	507 44.5	46 4.0	455 39.9	7 0.6	1139 100.0	
관여도	고관여	76 6.7	275 24.1	29 2.5	260 22.8	6 0.5	646 56.7	5.504 $p<.239$
	저관여	48 4.2	232 20.4	17 1.5	195 17.1	1 0.1	493 43.3	
	계	124 10.9	507 44.5	46 4.0	455 39.9	7 0.6	1139 100.0	

**: $p<.01$

[표 22]는 중앙정부와 지방체육단체의 소통에 대한 인식의 차이를 분석한 결과이다. 전체적으로 '지방체육단체만의 정책을 시행해야 한다'라는 인식이 507명(44.5%)으로 가장 높게 나타났다. 성별에

서는 남자가 352명(30.9%), 여자가 155명(13.6%)으로 $\chi^2=19.378$ ($p<.001$)로 나타나 성별에 따른 인식 차이는 통계적으로 유의하게 나타났다. 연령에 따라서는 50대 이상이 215명(18.9%), 40대 178명(15.6%), 30대 이하 114명(10.0%)의 순으로 나타났으며 $\chi^2=25.997$ ($p<.001$)로 나타나 연령에 따른 인식 차이는 통계적으로 유의하게 나타났다. 관여도에 따른 집단 간의 차이는 고관여 집단이 275명(24.1%), 저관여 집단이 232명(20.4%)의 순이며 $\chi^2=5.504$ ($p<.239$)로 나타나 관여도에 따른 인식 차이가 통계적인 유의차가 나타나지 않았다. 다음으로 '잘 모르겠다'가 455명(39.9%), '지역체육의 정책이 잘 반영된다'가 124명(10.9%), '중앙정부에 잘 반영된다'가 46명(4.0%)의 순으로 나타났다.

[표 23] 지방체육단체의 재정자립화에 대한 인식 차이(N(%))

구분	변인	지방체육단체의 재정자립화						χ^2
		100% 국비 지원	법적인 안정화	재정자립사업 허용	정부지원자체 사업	기타	전체	
성별	남자	268 23.5	162 14.2	114 10.0	179 15.7	9 0.8	732 64.3	10.634* $p<.031$
	여자	129 11.3	75 6.6	82 7.2	110 9.7	11 1.0	407 35.7	
	계	397 34.9	237 20.8	196 17.2	289 25.4	20 1.8	1139 100.0	
연령	30대 이하	102 9.0	74 6.5	53 4.7	80 7.0	7 0.6	316 27.7	5.218 $p<.734$
	40대	144 12.6	77 6.8	69 6.1	106 9.3	9 0.8	405 35.6	
	50대 이상	151 13.3	86 7.6	74 6.5	103 9.0	4 0.4	418 36.7	
	계	397 34.9	237 20.8	196 17.2	289 25.4	20 1.8	1139 100.0	
관여도	고관여	218 19.1	138 12.1	107 9.4	173 15.2	10 0.9	646 56.7	2.604 $p<.620$
	저관여	179 15.7	99 8.7	89 7.8	116 10.2	10 0.9	493 43.3	
	계	397 34.9	237 20.8	196 17.2	289 25.4	20 1.8	1139 100.0	

*: $p<.05$

[표 23]은 지방체육단체의 재정자립화에 대한 인식의 차이를 분석한 결과이다. 전체적으로 '기존대로 100% 국비 및 지방비에서 지원해야 한다'라는 인식이 397명(34.9%)으로 가장 높게 나타났다. 성별에서는 남자가 268명(23.5%), 여자가 129명(11.3%)으로 $\chi^2=10.634$ ($p<.031$)로 나타나 성별에 따른 인식 차이는 통계적으로 유의하게 나타났다. 연령에 따라서는 50대 이상이 151명(13.3%), 40대 144명

(12.6%), 30대 이하 102명(9.0%)의 순으로 나타났으며 $\chi^2=5.218$ ($p<.734$)로 나타나 연령에 따른 인식 차이는 통계적인 유의차가 나타나지 않았다. 관여도에 따른 집단 간의 차이는 고관여 집단이 218명(19.1%), 저관여 집단이 179명(15.7%)의 순이며 $\chi^2=2.604$($p<.620$)로 나타나 관여도에 따른 인식 차이가 통계적인 유의차가 나타나지 않았다. 다음으로 '정부지원과 자체사업'이 289명(25.4%), '재정지원의 법적 안정화'가 237명(20.8%), '자체사업 허용'이 196명(17.2%)의 순으로 나타났다.

[표 24] 체육정책 실현을 위한 조직의 형태에 대한 인식 차이(N(%))

구분	변인	체육정책 실현을 위한 조직의 형태						χ^2
		통합 운영	시 엘리트 구·군 생활	체육 조직 확대	지원 및 제도 개편	타기관 업무 공유	전체	
성별	남자	208 18.3	230 20.2	91 8.0	88 7.7	115 10.1	732 64.3	3.028 $p<.553$
	여자	106 9.3	119 10.4	59 5.2	59 5.2	64 5.6	407 35.7	
	계	314 27.6	349 30.6	150 13.2	147 12.9	179 15.7	1139 100.0	
연령	30대 이하	85 7.5	107 9.4	53 4.7	39 3.4	32 2.8	316 27.7	15.110 $p<.057$
	40대	112 9.8	123 10.8	47 4.1	51 4.5	72 6.3	405 35.6	
	50대 이상	117 10.3	119 10.4	50 4.4	57 5.0	75 6.6	418 36.7	
	계	314 27.6	349 30.6	150 13.2	147 12.9	179 15.7	1139 100.0	
관여도	고관여	174 15.3	214 18.8	93 8.2	80 7.0	85 7.5	646 56.7	11.461* $p<.022$
	저관여	140 12.3	135 11.9	57 5.0	67 5.9	94 8.3	493 43.3	
	계	314 27.6	349 30.6	150 13.2	147 12.9	179 15.7	1139 100.0	

*: $p<.05$

[표 24]는 체육정책 실현을 위한 지방체육단체 조직의 형태에 대한 인식의 차이를 분석한 결과이다. 전체적으로 '지방체육회는 엘리트체육, 구·군체육회는 생활체육을 육성해야 한다'라는 인식이 349명(30.6%)으로 가장 높게 나타났다. 성별에서는 남자가 230명(20.2%), 여자가 119명(10.4%)으로 $\chi^2=3.028(p<.553)$로 나타나 성별에 따른

인식 차이는 통계적인 유의차가 나타나지 않았다. 연령에 따라서는 50대 이상이 117명(10.3%), 40대 112명(9.8%), 30대 이하 85명(7.5%)의 순으로 나타났으며 $\chi^2=15.110(p<.057)$로 나타나 연령에 따른 인식 차이는 통계적인 유의차가 나타나지 않았다. 관여도에 따른 집단 간의 차이는 고관여 집단이 174명(15.3%), 저관여 집단이 140명(12.3%)의 순이며 $\chi^2=11.461(p<.022)$로 나타나 관여도에 따른 인식 차이가 통계적으로 유의하게 나타났다. 다음으로 '기존대로 지방체육회가 생활체육과 엘리트체육을 통합 운영해야 한다'가 314명(27.6%), '체육시설관리사무소, 지역시설공단 등과 업무를 공유해야 한다'가 179명(15.7%), '지방체육단체 조직을 확대해야 한다'가 150명(13.2%), '지방체육단체의 자생력을 키울 수 있는 지원과 제도의 개편'이 147명(12.9%)의 순으로 나타났다.

2 지방체육단체 정책변동의 효과

본 연구에서는 지방체육단체 정책변동의 효과성을 검증하기 위해 통합체육정책 5문항을 통계처리하여 대표값을 산출하고 긍정적 효과변수를 생성하였다. 생활체육과 엘리트체육의 위축에 관한 부정적 효과 문항은 신뢰도가 낮아 제거되었다. 또한 법정법인화로 인한 예산감소의 대한 문항은 정적인 효과를 나타내기 위해 부정을 긍정으로 변환(recoding)하여 산출하였다. 그리하여 통합체육정책의 효과성, 법정법인화, 민선체육단체, 정책대응으로 총 5개의 변수들에 대해 독립표본 t-검정과 일원변량분석을 실시하였으며, 통계적 유의수준은 $p<.05$로 분석하였다.

[표 25] 성별에 따른 지방체육단체 정책변동의 효과 검정

변수	통계량					
	구분	*N*	*M*	*SD*	*t*	*p*
통합의 긍정적 효과	남자	732	3.086	.872	-.606	.545
	여자	407	3.118	.781		
법정법인화 예산확보	남자	732	2.520	.933	-.268	.789
	여자	407	2.535	.878		
민선체육단체 조직확립	남자	732	3.214	.885	-.359	.719
	여자	407	3.233	.789		
지방체육단체 정책대응	남자	732	3.053	.858	-.777	.437
	여자	407	3.093	.788		

*: $p<.05$

[표 25]는 성별에 따른 지방체육단체의 정책변동의 효과를 검증하고자 독립표본 t−검정을 실시한 결과이다. 체육단체 통합에 따른 긍정적인 효과는 남자(3.086±.872)와 여자(3.118±.781) 간 통계적인 유의차가 없는 것으로 나타났다(t=−.606, $p<.545$). 법정법인화에 따른 예산의 확보는 남자(2.520±.933)와 여자(2.535±.878) 간 통계적인 유의차가 없는 것으로 나타났다(t=−.268, $p<.789$). 민선체육단체에 따른 조직 확립은 남자(3.214±.885)와 여자(3.233±.789) 간 통계적인 유의차가 없는 것으로 나타났다(t=−.359, $p<.719$). 지방체육단체의 체육정책에 대한 대응은 남자(3.053±.858)와 여자(3.093±.788) 간 통계적인 유의차가 없는 것으로 나타났다(t=−.777, $p<.437$).

대체적으로 성별에 따라서는 지방체육단체의 정책변동으로 인한 효과를 기대하는 것에는 통계적으로 유의한 차이는 나타나지 않았

지만, 평균값이 3.0 이상으로 체육단체통합 정책, 민선체육 정책, 지방체육단체의 정책대응에 긍정적인 인식이 높게 나타났다. 그러나 법정법인화에 따른 예산의 확보에서는 남녀 모두 2.5점의 평균값을 나타내고 있는데, 다른 변수들에 비해 확연하게 낮게 나타났다.

[표 26] 연령에 따른 지방체육단체 정책변동의 효과 검정

구분	통계량						
	구분	*N*	*M*	*SD*	*F*	*p*	*Post-Hoc*
통합의 긍정적 효과	30대 이하	316	3.168	.881	2.223	.109	-
	40대	405	3.036	.835			
	50대 이상	418	3.105	.813			
	계	1139	3.098	.841			
법정법인화 예산 확보	30대 이하	316	2.522	.899	1.237	.291	-
	40대	405	2.476	.902			
	50대 이상	418	2.576	.934			
	계	1139	2.525	.913			
민선체육 단체 조직 확립	30대 이하	316	3.313	.839	2.559	.078	-
	40대	405	3.185	.819			
	50대 이상	418	3.186	.888			
	계	1139	3.221	.852			
지방체육 단체 정책 대응	30대 이하	316	3.094	.910	.593	.553	-
	40대	405	3.032	.803			
	50대 이상	418	3.081	.803			
	계	1139	3.067	.834			

*: $p<.05$ A: 30대 이하, B: 40대, C: 50대 이상

[표 26]은 연령에 따른 지방체육단체의 정책변동에 따른 효과를 검증하고자 일원변량분석을 실시한 결과이다. 체육단체통합에 따른 긍정적인 효과는 30대 이하(3.168±.881), 40대(3.036±.835), 50대 이상(3.105±.813)으로 나타났으며, 집단 간 통계적인 유의차가 없는 것으로 나타났다(F=2.223, p<.109). 법정법인화에 따른 체육예산 확보의 효과는 30대 이하(2.522±.899), 40대(2.476±.902), 50대 이상(2.576±.934)으로 나타났으며, 집단 간 통계적인 유의차가 없는 것으로 나타났다(F=1.237, p<.291). 민선체육단체에 의한 조직 확립의 효과는 30대 이하(3.313±.839), 40대(3.185±.819), 50대 이상(3.186±.888)으로 나타났으며, 집단 간 통계적인 유의차가 없는 것으로 나타났다(F=2.559, p<.078). 지방체육단체의 정책대응의 효과는 30대 이하(3.094±.910), 40대(3.032±.803), 50대 이상(3.081±.803)으로 나타났으며, 집단 간 통계적인 유의차가 없는 것으로 나타났다(F=.593, p<.553). 대체적으로 연령에 따라서는 지방체육단체의 정책변동으로 인한 효과를 기대하는 것에는 통계적으로 유의한 차이는 나타나지 않았지만, 평균값이 3.0 이상으로 체육단체통합 정책과 민선체육 정책, 지방체육단체의 정책대응에 긍정적인 인식이 많은 것으로 나타났다. 그러나 법정법인화에 따른 예산의 확보에서는 모든 연령에서 2.5점의 평균값을 나타내고 있는데 다른 변수들에 비해 확연하게 낮게 나타났다.

[표 27] 관여도에 따른 지방체육단체 정책변동의 효과 검정

변수	통계량					
	구분	*N*	*M*	*SD*	*t*	*p*
통합의 긍정적 효과	고관여	646	3.092	.853	-.271	.787
	저관여	493	3.105	.825		
법정법인화 예산확보	고관여	646	2.489	.924	-1.554	.120
	저관여	493	2.574	.897		
민선체육단체 조직확립	고관여	646	3.252	.864	1.410	.158
	저관여	493	3.180	.834		
지방체육단체 정책대응	고관여	646	3.069	.860	.095	.924
	저관여	493	3.064	.798		

*: $p<.05$

[표 27]은 관여도에 따른 지방체육단체의 정책변동에 따른 효과를 검증하고자 독립표본 t-검정을 실시한 결과이다. 체육단체통합에 따른 긍정적인 효과는 고관여(3.092±.853)와 저관여(3.105±.825) 간 통계적인 유의차가 없는 것으로 나타났다($t=-.271$, $p<.787$). 법정법인화에 따른 예산의 확보는 고관여(2.489±.924)와 저관여(2.574±.897) 간 통계적인 유의차가 없는 것으로 나타났다($t=-.1.554$, $p<.120$). 민선체육단체에 따른 조직 확립은 고관여(3.252±.864)와 저관여(3.180±.834) 간 통계적인 유의차가 없는 것으로 나타났다($t=1.410$, $p<.158$). 지방체육단체의 체육정책에 대한 대응은 고관여(3.069±.860)와 저관여(3.064±.798) 간 통계적인 유의차가 없는 것으로 나타났다($t=.095$, $p<.924$). 대체적으로 관여도에 따라서는 지방체육단체의 정책변동으로 인한 효과를 기대하는 것에는

통계적으로 유의한 차이는 나타나지 않았지만, 평균값이 3.0 이상으로 체육단체통합 정책, 민선체육 정책, 지방체육단체의 정책대응에 긍정적인 인식이 높게 나타났다. 그러나 법정법인화에 따른 예산의 확보에서는 남녀 모두 2.5점의 평균값을 나타내고 있는데 다른 변수들에 비해 확연하게 낮게 나타났다.

CHAPTER 6
결론 및 제언

CHAPTER 6 결론 및 제언

1 결론

본 연구는 2016년 체육단체 통합과 민선체육회장의 출범, 지역체육 법정법인화에 대한 정책변동 과정을 Kingdon의 다중흐름모형을 활용하여 분석하고 설문조사를 시행하였다. 구체적으로는 복잡하고 다양한 행위자 간의 공공갈등에도 불구하고 중앙정부가 2016년 체육회 통합의 실행을 정책의제화하였고, 그 과정에서 정부와 정치권의 정치적 이해관계는 어떠한 양상으로 전개되었으며 정책의제화가 지연된 과정과 지자체장의 체육회장 겸직금지법의 시행에 따른 지방체육단체 법정법인화의 정책행위자로서 지방체육단체가 어떻게 정부 결정에 대응하고 있었는가에 대하여 규명하였다.

이를 위해 Kingdon모형을 적용하여 '체육단체 통합 및 법정법인화'의 국내 정책결정과정에서 영향을 주는 4개의 요인을 영향 요인으로 설정하였다. 정책문제의 흐름, 정치의 흐름, 정책대안의 흐름, 그리고 정책의 창과 정책주도자의 단계별 사건들에 대해서 표적집단면접을 실시하여 주요 정책의제들의 실천과정들에 대해서 살펴보았다. 각 흐름과 정책주도자 및 정책의 창에 나타난 주요 요인을 분석한 결과는 아래와 같다.

우선, '정책문제의 흐름'에서 2015년 체육단체 통합의 정책의제화가 발의되었다. 구체적으로 '국가적 분위기'는 일부 언론이 부정적 시각에서 문제를 제기했지만, 대체로 통합 찬성의 담론이 현저히 높았으며 통합체육에 대한 국민적 여론은 가시적으로 표면화되지 않았다. 정책문제의 흐름에서 정부의 2016년 체육회 통합 문제인식의 수준은 높아 문화체육관광부의 정책의제화가 되었으며, 정치의 흐름은 2000년부터 시작된 통합에 대한 의제를 안민석 의원 등의 발의를 통해 국민체육진흥법의 개정을 통해 이루어졌다. 그리고 정책대안의 흐름에서 지자체 및 시·도체육회 사무처 협의의 정책 동의를 얻으며 결정의제로 상정되었다. 마지막으로 정책의 창 및 정책주도자에서 국회의원의 입법과 대한체육회 및 국민생활체육회의 장들의 협의과정이 결정적인 역할을 하게 되었고 민선체육단체장의 '체육단체 통합 및 법정법인화'가 결정되었다. 지자체장의 체육회장 겸직금지와 같은 의제들은 KOC 분리 문제와 IOC의 '스포츠의 정치적 분리'라는 맥락과 함께하며 체육과 정치는 당연히 분리되어야 한다는 국민적 여론이 형성되고 체육단체에서 불거진 일련의 사건들은 이런 의제들을 당연히 받아들여야 하는 사회적 함의로 이어졌다. 이에 지방체육단체들은 체육정책의 변동과 정치의 흐름에서 선도적 대응 또는 수동적 채택 등의 과정을 겪으면서 점차 변화하고 있다.

이와 같이 Kingdon의 다중흐름모형에 따라 정책변동의 의제와 정치의 흐름을 표적집단면접을 통해 알아보았으며 체육통합, 법정법인화, 민선체육관련 정책변동에 따른 인식과 효과성에 대한 정량적 조사 결과는 다음과 같은 시사점을 나타내고 있다.

첫째, 중앙정부와 지역의 체육정책에 관해서는 지자체 중심의 체육정책을 펼쳐야 한다는 지역중심문화가 크게 나타났다. 이는 중앙정부의 체육정책과는 별개로 지역 우선주의에 따라 지역에 투입되는 체육예산과 인프라의 확장에 더욱 관심이 많은 것으로 사료된다. 지방자치단체가 실시하는 체육정책에 있어서는 여성들의 체육정책에 대한 인식이 높았으며, 생활체육과 엘리트체육의 통합에 관한 인식에서는 기존대로 분리되는 것이 좋다는 것이 성별과 연령대에도 모두 높게 나타났고, 통계적인 유의차도 있었다. 또한 통합체육 정책으로 인한 기대에서 생활체육이 더욱 확산할 것 같다는 의견이 많이 나타났고, 통합체육으로 인한 경제적 효과에서는 예산이 더욱 확대될 수 있다는 의견이 많았다. 또한 통합체육으로 인해서 생활체육이 위축될 수 있다는 의견도 나타났으며, 통합체육회의 유형은 지자체 산하의 독립된 기구로 존재해야 한다는 의견이 많았다. 반면 통합체육의 정책에 따른 행정업무는 변화된 부분이 없으며, 행정업무가 더 복잡하고 혼란스럽다는 의견이 대체로 많았다. 조사 결과에서 체육과 정치의 분리 문제는 대체로 체육과 정치가 분리되어야 한다는 의견을 따르고 있지만, 체육예산에 있어서는 국비 및 지방비에 대한 의존도가 높은 것으로 나타났다. 생활체육과 엘리트체육의 형태는 통합되어 있지만, 정책을 실현하는 방법적인 면에서는 생활체육과 엘리트체육이 별개로 육성되고 지원되어야 한다는 의견이 많았다. 구체적으로 시·도단위 체육단체에서는 엘리트체육을 육성하고, 구·군 단위 체육회에서는 생활체육을 육성해야 한다는 인식이 가장 많이 나타났다.

둘째, 지방체육단체의 정책변동의 효과를 검증한 결과에서는 대체로 통합의 긍정적 효과, 법정법인화에 의한 예산확보, 민선체육단체의 조직 확립, 지방체육단체의 정책대응이라는 것에는 통계적인 유의차를 발견하지 못했다. 그러나 통합체육 정책, 법정법인화 정책, 민선체육 정책, 정책대응에서 대부분의 평균값이 높게 나타나 정책변동에 대한 인식이 긍정적인 것으로 나타났다. 다만 법정법인화에 따른 예산의 확보라는 부분에서는 시대적인 흐름과 현실을 감안했을 때, 체육예산의 감소라는 배경이 조사 결과에 반영된 것으로 판단된다.

이와 같이 전개된 체육회 통합과 민선체육단체, 지방체육단체의 법정법인화의 분석 결과를 통해 앞으로 통합체육회를 운영하는 데 있어 다음과 같은 시사점과 정책적 함의를 도출할 수 있다.

첫째, 통합체육회의 분리와 통합의 문제는 국가적 어젠다(agenda)로써 정부의 정책문제인식에 상당히 긍정적으로 작용하여야 정책의제화가 가능하다는 것이다. 정부는 이전의 2002년, 2009년 체육단체 통합을 위해 문화체육관광부에 의한 두 번의 시도가 있었으나 대한체육회와 국민생활체육회의 반발로 인해 무산되었다. 통합체육단체와 관련된 입법행위와 합의점 도출은 전 국가적인 분위기와 사회적 합의 등을 통해서 이루어진 것이 긍정적으로 작용한 것이다. 통합체육회의 경제적 효과에 대해서는 논란이 많음에도 불구하고 정책의제 결정에 있어 매우 중요한 요소이다. 앞으로 정부가 통합체육회를 정책의제화 하는 데 있어 경제적 효과성에 대한 객관적인 평가를 전문기관을 통해 검증하여야 할 것이다. 통합체육 이전과 통합체육 이후에 예산 절감 및 경제적 효과에 대한 타당성을 면밀하게 검토할 필요가 있을 것으로 사료된다.

둘째, 정부가 대한체육회와 국민생활체육회 두 단체 간의 갈등 속에서 정책중재자로서 역할을 하여야 정치적 이해관계로 인한 정책의제화가 지연 또는 실패로 이어지지 않고 가능하다는 것이다. 정부가 정책중재자로서 실패하는 경우는 단체 간의 갈등과 다툼을 체계적으로 조정하지 못하고 체육단체 내의 파벌과 이기주의로 인하여 생기는 불신 등에 기인한 것이다. 본 연구의 결과에도 나타났듯이 정부는 두 단체 간의 갈등을 방치하고 각 단체에 책임을 전가하여 정책의제화를 지연시킴에 따라 실패하게 되었던 것이다. 따라서 정부는 앞으로 효율적인 정책결정을 유도하기 위해서 의제설정 과정에서 중앙정부의 중재 기능을 강화하여 정책을 체계적으로 추진해야 할 것으로 판단된다.

셋째, 통합체육과 민선체육회장, 법정법인화에 대한 의제설정 과정에서 문체부가 일방적으로 주도하지 않고 지자체장 및 시·도체육회 사무처장 등의 동의를 바탕으로 쌍방향적으로 추진하여야 내적 갈등을 완화하고 정책결정에 이른다는 것이다. 대한체육회와 국민생활체육회의 성격상 타협안을 도출하는 데에는 한계가 있었다. 이는 두 집단의 이익과 관련된 것으로 양자 타협을 통해 체육인의 긍지와 인프라를 더욱 확장하려는 소통이 있었기 때문에 가능한 것으로 판단된다. 따라서 앞으로 통합체육회, 민선체육단체장, 지방체육단체 법정법인화와 관련된 정책의 정책행위자 간 대안을 모색하고 인식의 공유를 유도하기 위한 토론회, 공청회와 포럼 등 다원화된 사회구조에 적합한 논의를 정책 추진과정에 포함할 필요가 있을 것으로 보인다.

넷째, 통합체육회를 통한 민선체육회의 정립과 법정법인화에 따른 안정적인 재원 마련은 정책주도자인 민선체육회장 개인의 단기적 정치 목적이나 영향력 확대를 위해서가 아니라 지역의 장기적인 균형 발전을 위해서 추진되어야 할 의제이다. 정치의 중앙무대로 진출 또는 재선을 위한 선거 등을 위해 민선체육회장의 정치적 업적을 쌓고자 정치적 행위 등 자원을 지나치게 남용하여 지자체가 무계획적으로 체육예산 등과 관련된 정책적 의제를 성급하게 추진해서는 안 될 것이다. 따라서 앞으로 지역체육인들이 가장 위험 감수성이 큰 체육단체의 안정화와 선수, 지도자 등의 처우 개선을 위한 정책의 실현이 우선되어야 할 것으로 사료된다.

2 제언

본 연구를 통해 얻은 결과는 향후 민선체육단체의 법정법인화가 진행된 이후 개선되어야 할 정책의제를 도출하는 것에 학문적, 실용적 측면에서 도움을 줄 수 있을 것으로 판단된다. 연구를 계획하고 진행하는 과정에서 우리나라 체육의 정책은 그동안 연구자가 겪어보지 못한 빠른 속도로 변화되고 있는 시점이었다. 따라서 체육정책의 의제설정과 정치의 흐름이 변화되는 시점에서 연구의 한계점이 나타났으며, 후속 연구를 통해 다음과 같이 제언하고자 한다.

첫째, 체육단체의 통합에 따른 긍정적인 효과와 부정적인 효과는 시간적 흐름을 가지고 더욱 지켜봐야 할 부분이다. 체육단체가 통합되고 4년이라는 시간이 흘렀지만 정책변동의 효과를 측정하는 것에는 한계가 있었다. 더불어 통합체육정책에 대한 설문의 평가척도도 만들어져야 할 것이다.

둘째, 민선체육단체에 관한 결정의제는 정책시행의 초기 단계에 있고, 법정법인화는 앞으로 진행되는 결정의제이며 연구자가 연구를 진행하는 과정에서 결정이 되었다. 이런 변화가 많은 시기에 민선체육단체와 지방체육단체의 정책에 대한 배경을 충분히 다루고 있지 못하고 있다. 이에 따라 Kingdon의 다중흐름모형에 따라 지속적인 정책변동의 요인을 살펴볼 필요가 있다.

참고문헌

강보배, 정준호(2016). 다중흐름모형(MSF)을 활용한 문화재 환수과정 분석–북관대첩비 환수사례를 중심으로. **한국자치행정학보, 30**(1), 205–229.

강신욱(2005). **체육단체 구조조정 더 이상 미룰 수 없다. 체육문화위원회, 체육기구의 합리적 개편을 위한 토론회**(4–10). 서울: 문화연대 (준)체육문화위원회.

강신욱(2006). 체육단체 구조조정에 대한 체육전문 인력 의식 조사. **한국체육학회지, 45**(2), 65–75.

강준호(2009). 경기단체 선진화를 위한 바람직한 조직운영 방안. **체육과학연구원, 경기단체 선진화방안 심포지엄**(1–14). 서울: 체육과학연구원.

고재윤, 정미란(2006). 소믈리에 자격증 평가 항목 개발에 관한 연구. **관광학연구, 30**(5), 133–151.

국민생활체육협회(1993). **생활체육프로그램 순회지도사업 지침서.** 서울: 국민생활체육협회.

권기범(2009.09.02.). KOC, 경기단체 운영 선진화 대책 추진. **조이뉴스24.** Retrieved from http://www.joynews24.com/view/440191

권석천, 장현주(2015). Kingdon의 다중흐름모형을 통해서 본 검찰개혁과정–대검찰청 중앙수사부 폐지 과정을 중심으로. **한국정치학회지, 24**(2), 335–362.

권태일(2008). **관광지 리모델링 사업의 영향순위 도출에 관한 연구–**

델파이기법과 AHP를 이용하여. 미간행 박사학위논문. 세종대학교 대학원, 세종.

김경숙(2002). FES－Information－Series: **독일의 스포츠클럽과 생활체육**. 서울: 프리드리히 에베르트 재단 주한 협력 사무소.

김권집, 박수경(2009). **한국행정조직론**. 서울: 이화.

김대광(2003). **한국체육정책의 변천과정과 방향설정**. 미간행 박사학위논문. 한국체육대학교 대학원, 서울.

김동규(2000). 정치상황 변화에 따른 한국 엘리트스포츠 정책의 전개양상과 전망. **한국체육철학회지, 18**(1), 181－199.

김미숙(2012). 특집: 주요 선진국의 체육정책 동향 및 시사점: 독일의 스포츠정책 및 현황. **스포츠과학, 119**, 7－13.

김민(2016). **지역체육단체 조직통합과정에 관한 연구**. 미간행 박사학위논문. 건국대학교 대학원, 서울.

김선희(2007). **성매매방지정책의 변동에 관한 연구**. 미간행 박사학위논문. 계명대학교 대학원, 대구.

김성호, 강현민, 박진경(2012). 경기단체 선진화를 위한 정책 요소 연구. **한국사회체육학회지, 49**, 207－220.

김세환(2014). **한국체육조직의 통합을 위한 정책 우선순위와 실천 방안**. 미간행박사학위논문. 충남대학교 대학원, 대전.

김승곤(2009). 한국체육단체 선진화 방안. **한국스포츠리서치, 20**(4), 37－52.

김승영(2004). **역대정권별 체육정책에 관한 연구**. 미간행 박사학위논문. 조선대학교 대학원, 광주.

김영대(2012). 한국 사회단체의 정책 영향력 결정요인 탐색: 사회단체의 주관적 인식을 중심으로. **국가정책연구, 26**(2), 57－85.

김영운(2010). **체육행정조직 구성원의 정서역량과 심리적 안녕감, 조직효과성의 관계**. 미간행 박사학위논문. 순천향대학교 대학원, 아산.

김영종(2010). **체육행정조직의 지식경영이 조직문화 및 조직몰입과 경영성과에 미치는 영향.** 미간행 박사학위논문. 수원대학교 대학원, 수원.

김영천, 한광웅(2012). 일반논문: 질적 연구방법으로 생애사연구의 성격과 의의. **교육문화연구, 18**(3), 5-43.

김영호(2002). NGO 영향력 행사의 성공조건. **국제정치논총, 42**(3), 75-101.

김옥태, 이승희(2010). 생활체육지도자의 전문성인식과 임파워먼트 및 직업만족의 관계. **한국체육학회지, 49**(6), 473-483.

김용섭(2009). 스포츠관계법령의 입법적 과제: 국민체육진흥법의 개정방향-대한체육회와 대한올림픽위원회의 통합 논의를 중심으로. **스포츠와 법, 12**(3), 11-33.

김용섭(2010). 스포츠단체의 통합논의와 국민생활체육회의 법정법인화 문제. **스포츠와 법, 13**(1), 58-81.

김응삼(2009). **사회변동에 따른 체육정책방향에 관한 연구.** 미간행 박사학위논문. 안동대학교 대학원, 안동.

김인자, 박형준(2011). 과학기술 규제정책의 형성과 변동과정 연구. **한국행정학보, 20**(1), 111-150.

김일문(2014). **4대 사회보험 징수통합 정책형성과정에 관한 연구.** 미간행 박사학위논문. 명지대학교 대학원, 서울.

김종백(2005). **스포츠마당: 미국체육정책의 추진체계 및 시사점.** 서울: 체육과학연구원.

김지희(1997). **행정개혁과 조직통합에 관한 연구: 문민정부의 조직개편을 중심으로.** 미간행 석사학위논문. 고려대학교 대학원, 서울.

김태영(2009). **체육행정조직 구성원의 직무분석 및 조직특성분석.** 미간행 박사학위논문. 한국체육대학교 대학원, 서울.
김태한(2009). **지방자치단체 협의회의 정책영향력에 관한 연구.** 미간행 박사학위논문. 한양대학교 대학원, 서울.
김태호(2015). **Kingdon의 다중흐름모형을 적용한 자율형 사립고의 정책형성과정 분석.** 미간행박사학위논문. 동아대학교 대학원, 부산.
김호민(2009). **88서울올림픽 이후 각 정부의 체육정책과 예산운영에 관한 연구.** 미간행 박사학위논문. 성신여자대학교 대학원, 서울.
대한체육회(1990). **대한체육회칠십년사.** 서울: 대한체육회.
대한체육회(2012). **한국체육발전 중장기 핵심과제 연구.** 서울: 대한체육회.
대한체육회(2020a). **대한민국 체육 100년.** 서울: 대한체육회.
대한체육회(2020b). **지방체육회 법정법인화 국민체육진흥법 일부개정법률 12월 8일 공포.** Retrieved from https://www.sports.or.kr
문화관광부(2012). **체육백서.** 서울: 문화관광부.
문화연대, 체육시민연대(2005). **체육 기구의 합리적인 개편을 위하여.** 서울: 문화연대 세미나 자료.
문화체육관광부(2014.02.11.). **체육계 비정상 관행 정상화 노력의 제도화, '스포츠공정위원회'출범.** Retrieved from https://www.mcst.go.kr
문화체육관광부(2015.03.04.). **대한체육회와 국민생활체육회, 2016년 3월까지 통합 예정.** Retrieved from https://www.mcst.go.kr
박균열(2012). Kingdon의 정책흐름모형을 적용한 교육능력개발평가제 정책변동 분석. **교육문제연구, 42,** 41－71.
박소영, 김민조(2012). Kingdon의 다중정책흐름 모형을 활용한 수석

교사제 정책 분석. **교육행정학연구, 30**(4), 151-173.

박영옥(1999). **경기단체의 재정자립을 위한 스포츠마케팅모델 연구.** 서울: 국민체육진흥공단 체육과학연구원.

박영옥, 구해모, 이용식, 류석주, 김호, 황정우(2000). 경기단체의 조직 환경과 조직 전략: A종목협회의 사례 연구. **체육과학연구, 11**(3), 39-57.

박재우(2012). 특집: 주요 선진국의 체육정책 동향 및 시사점; 영국 스포츠정책의 동향과 방향. **스포츠과학 119,** 2-6.

박주한(2015). 체육단체 조직구조의 변천과정과 통합방안. **한국체육정책학회지, 13**(1), 51-60.

박한흠(2018). **게임 등급분류 자율규제 정책변동에 관한 연구.** 미간행 박사학위논문. 동아대학교 대학원, 부산.

서희진(2005). 특집: 아동, 청소년의 스포츠생활화와 잠재선수 확충. **스포츠과학, 90,** 2-8.

성문정, 김미숙, 김화룡, 최혜선(2017). **스포츠클럽 육성을 위한 법제 개선 연구.** 서울: 한국스포츠개발원.

송지현, 이태영(2012). 다문화가족지원법의 제정과정 분석. **사회복지정책, 39**(3), 151-179.

송형석(2009). **FES-Information-Series: 독일의 생활체육 육성정책과 스포츠클럽.** 서울: 프리드리히 에베르트 재단 주한 협력 사무소.

스포츠서울(2015). **제9회 한국 스포츠 비전 심포지엄 결과집: 체육단체 통합의 의미와 스포츠 시스템 선진화.** 서울: 스포츠서울.

신승호(2011). 경기단체 재정현황 및 건전성 확보를 위한 방안. **국민대학교 스포츠과학연구소논총, 29,** 23-40.

신용호(2011). **국가체육정책에 따른 국민생활체육회의 변천과정.** 미간행 박사학위논문. 한국체육대학교 대학원, 서울.

심재권(1998). **정책변동으로서의 공기업 민영화정책: 통신사업 민영화 정책을 중심으로.** 미간행 박사학위논문. 충남대학교 대학원, 대전.

안혜임, 김경숙(2007). 현장에서 요구되는 사회체육지도자의 전문능력 요인. **한국사회체육학회지, 30,** 131－142.

오연풍(2009). 체육행정시스템의 발전적 개편 방안. **체육과학연구, 20**(3), 541－553.

위성식, 권연택(2010). **사회체육학총론.** 서울: 대경북스.

유의동(2005). 엘리트체육 육성을 위한 체육단체의 기능과 역할. **체육과학연구원, 90,** 9－15.

유종상(2003). **스포츠 조직의 성격 유형과 조직 효율성의 관계.** 미간행 박사학위논문. 수원대학교 대학원, 수원.

윤강로(2011). 평창올림픽 유치의 의미와 효과. '체육단체 통합 및 법정법인화' 유치와 스포츠외교 전망. **체육과학연구원, 116,** 2－9.

윤건(2011). 공공기관 통합 후 융합 평가에 관한 연구－정보통신·콘텐츠분야 통합 사례에의 적용. **정부학연구, 17**(3), 179－212.

윤미숙(2003). 비서의 현재 역량과 미래 역량에 대한 델파이 연구. **비서학 논총, 12**(2), 109－141.

윤익선, 김영일(1996). 미국과 일본의 생활체육에 관한 비교 연구. **용인대학교 논문집, 12,** 145－172.

이경훈, 유병인(2001). 생활체육지도자의 근무여건 및 환경에 대한 인식 연구. **한국스포츠산업경영학회지,** 6(2), 25－36.

이동규, 우창빈, 강민규(2015). 다중흐름모형을 적용한 정책과정 연구: 게임물등급위원회의 설립·폐지부터 게임물관리위원회로의 신설까지의 입법과정을 중심으로. **GRI연구논총,** 17(1), 71－106.

이득순, 김문성(2017). 다중흐름모형을 활용한 정책형성과정 분석. **교통연구, 24**(4), 25－44.

이범제(1999). **체육행정의 이론과 실제.** 서울: 서울대학교출판부.

이병관(1996). **지방자치단체 체육행정조직의 구도와 기능에 대한 연구.** 미간행 석사학위논문. 단국대학교 대학원, 서울.

이병량, 정민경(2014). 다중흐름모형을 적용한 지방자치단체 정책과정 연구: 2012년 서울시 공공부문 비정규직 대책. **지방행정연구, 28**(2), 51－80.

이성록(2007). **갈등관리론(비영리 민간조직).** 서울: 미디어숲.

이수연(2012). 영국 경기단체의 성공사례를 통한 국내 경기단체의 체육행정시스템 선진화 방안. **한국체육학회지, 51**(2), 121－134.

이순남(2006). **군 간호인력 공급 정책변동에 관한 연구.** 미간행 박사학위논문. 중앙대학교 대학원, 서울.

이영재(2012). **지적재조사 사업의 정책변동에 관한 연구.** 미간행 박사학위논문. 숭실대학교 대학원, 서울.

이용식(1998). **선진국의 체육행정체계와 스포츠정책.** 서울: 한국체육과학연구원.

이용식(2007). **미래환경의 변화와 체육정책의 방향.** 서울: 국민체육진흥공단 체육과학연구원.

이용식(2008). 단체의 조직기능 개편방안: 신정부의 체육단체의 합리적 개편방안, **체육과학연구원, 104,** 10－19.

이정철(2017). **퇴직연금제도의 정책변동에 관한 연구.** 미간행 박사학위논문. 중앙대학교 대학원, 서울.

이종만(2020.09.08.). 생활체육지도자 정규직 전환 첫 발 뗐다. **인천일보.** Retrieved from http://www.incheonilbo.com/news/articleView.html?idxno＝1056928

이종서(2006). 유럽연합의 공동통상정책(CCP)과 앨리슨(Graham T. Allison)모델의 확대적용 가능성에 관한 연구. **유럽연구, 24**(2), 229－262.

이종환(2014). **바닷가공간관리정책의 형성에 관한 연구**. 미간행 박사학위논문. 청주대학교 대학원, 청주.

이창길, 최성락(2011). 정부부처 통합효과에 대한 차별적 인식에 관한 연구: 통합기대부처와 통합우려부처의 비교. **한국공공관리학보, 25**(2), 143－166.

이창섭(2003). 신정부 스포츠, 체육정책의 비전과 과제: 국민건강 증진을 위한 스포츠의 역할. **신정부의 스포츠, 국민체육진흥공단 체육과학연구원 체육정책 토론집,** 1－13.

이창섭(2005). 체육단체 구조조정 방안과 운영시스템 제안. **체육단체 구조개편과 스포츠시스템 선진화를 위한 국회대토론회** (7－28). 서울: 국회문화정책포럼.

이창섭, 남상우(2013). **스포츠사회학**. 대전: 궁미디어.

이현정(2016). 정책흐름모형(PSM)을 활용한 정책변동 분석: 영리병원 사례를 중심으로. **사회과학연구지, 42**(3), 269－301.

임번장(2010). **스포츠사회학개론**. 서울: 레인보우북스.

임번장, 이종영, 임태성, 채재성, 김종, 박진경, 이홍구, 고재곤, 김현석(1999). **국민체육 진흥방안 및 공단의 역할**. 국민체육진흥공단.

장현주(2017). 한국의 정책변동과정에서 나타난 정책선도가의 유형, 역할과 전략은 무엇인가? Kingdon의 다중흐름모형에 대한 메타분석. **한국정책학회보, 26**(2), 449－475.

정경환, 원영신, 조성원(2016). 다중흐름모형을 적용한 체육계 비리 근절 정책 형성과정 분석. **한국체육정책학회지,** 14(2), 125－145.

정동구, 하웅용(2001). 스포츠 정책사론. **한국체대스포츠정책연구회,** 264－265.

정병걸, 성지은(2002). 한국의 사회단체와 영향력: 정책과정을 중심으로. **아세아연구, 45**(3), 51－75.

정석희(2014). **체육단체 통합을 통한 발전방안.** 미간행 석사학위논문. 고려대학교 의용과학대학원, 서울.

정시구(2015). 경계연결단위로 본 재난 컨트롤 타워 고찰. **한국위기관리논집,** 11(5), 1－25.

정영린(2003). 학교 클럽스포츠 육성방안에 대한 토론. 우수선수 육성을 위한 '청소년클럽스포츠의 육성 방안' **대한체육회 세미나 자료집,** 37－39.

정용일(2012). **첨단의료복합단지 조성 정책형성 연구: 정책흐름모형과 Allison 모형의 비교분석을 중심으로.** 미간행 박사학위논문. 성균관대학교 국정관리대학원, 서울.

정원숙(2014). **대학등록금 부담 경감 정책형성과정 연구.** 미간행 박사학위논문. 경북대학교, 대구.

정원옥(2016). **대한민국 체육단체 통합 갈등과정 분석 연구.** 미간행 석사학위논문. 한국외국어대학교 대학원, 서울.

정이든(2014). **한국 엘리트 스포츠 조직 간 관계에 대한 연구: 대한체육회와 중앙가맹경기단체를 중심으로.** 미간행 석사학위논문. 서울대학교 대학원, 서울.

정임천(2003). **政策變動의 影響要因에 관한 연구: 鐵道事業 公社化政策事例를 中心으로.** 미간행 박사학위논문. 경원대학교 대학원, 경기도.

정정길(1998). **정책학원론(개정판).** 서울: 대명출판사.

정지명(2012). 주요 선진국의 체육정책 동향 및 시사점; 스포츠 정책을 통해 살펴본 호주의 스포츠. **스포츠과학, 119,** 14－21.

정진우(2000). **부처통합의 영향요인에 관한 연구－재정경제원을 중심으로.** 미간행 박사학위논문. 서울대학교 대학원, 서울.
조문기(2006). **한국노인의 여가 복지 증진을 위한 생활체육 정책방향.** 미간행 박사학위논문. 경희대학교 대학원, 수원.
조승연(2008). **정책변동과 일관성 영향요인 연구.** 미간행 박사학위논문. 조선대학교 대학원, 광주.
주성택, 정연길, 최종필, 박찬규(2007). **종합형 지역스포츠클럽.** 서울: 대한미디어.
체육과학연구원(2004). **선진국 체육정책의 동향과 추진체계.** 서울: 체육과학연구원.
체육과학연구원(2011). **지방체육단체 통합운영 방안 연구.** 서울: 체육과학연구원.
최성구(2013). **세종시 정책변동 과정에 관한 연구.** 미간행 박사학위논문. 단국대학교 대학원, 서울.
최성락, 박민정(2010). 정책연구에서의 Kingdon 정책흐름모형의 적용현황과 적실성에 대한 소고: 국내 연구 사례를 중심으로. **한국행정학회 동계학술발표논문집, 2010,** 1－16.
최형원(2010). **체육행정 조직의 직무환경과 조직문화, 임파워먼트 및 조직헌신도의 관계.** 미간행 박사학위논문. 전북대학교 대학원, 전주.
한국스포츠개발원(2014). 글로벌 스포츠 프리즘: 독일의 체육정책. **한국스포츠개발원, 프리즘**(3), 1－8.
한국조직학회(2008). **2008 한국조직학회 연례보고서: 체육선진화 기반구축 방안연구 보고서.** 서울: 한국조직학회.
한국행정연구원(2003). **한국체육발전을 위한 조직모형 설정 및 과제.** 서울: 한국행정연구원 공청회 자료.
Allison, M. T. (1991). Leisure, sport and quality of life: Those on

the fringes. In P. Oja & R. Telama (Eds.), *Sport for all: Proceedings of the world congress on sport for all* (pp. 45–53). Amsterdam, NY: Elsevier Science Publishers.

Blumer, H. G. (1969). *Symbolic interactionism: Perspective and method.* Englewood Cliffs, NJ: Prentice Hall.

Carron, A. V. (1980). *Social psychology of sport.* Ithaca, NY: Movement Publications.

Charmaz, K. C. (2006). *Constructing grounded theory: A practical guide through qualitative analysis.* Thousand Oaks, CA: Sage Publications.

Etzioni, A. (1964). *Modern organizations: Foundations of modern sociology series.* Englewood Cliffs, NJ: Prentice Hall.

Glesne, C. (2006). *Becoming qualitative researchers.* Boston, MA: Pearson.

Greene, J. C. (2007). *Mixed methods in social inquiry.* San Francisco, CA: Jossey–Bass.

Kingdon, J. W. (1984). *Agendas, alternatives and public policies.* Boston, MA: Little, Brown and Company.

Kingdon, J. W. (1995). *Agendas, alternatives, and public policies* (2nd ed.). New York, NY: Addison Wesley Longman.

Kingdon, J. W. (2003). *Agendas, alternatives, and public policies.* New York, NY: Longman Pub Group.

Lincoln, Y. S., & Guba, E. G. (1985). *Naturalistic inquiry.* Beverly Hills, CA: Sage Publications.

Locke, E. A. (2007). The case for inductive theory building. *Journal of Management, 33*(6), 867–890.

Mathison, S. (1988). Why triangulate?. *Educational Researcher,*

17(2), 13–17.

Merriam, S. B. (2009). *Qualitative research: A guide to design and implementation*. San Francisco, CA: Jossey–Bass.

Morgan, D. L. (1996). Focus group. *Annual Review of Sociology, 22*, 129–152.

Parsons, T. (1956). Suggestions for a sociological approach to the theory of organizations–1. *Administrative Science Quarterly, 1*(1), 63–85.

Strauss A. L., & Corbin, J. M. (1990). *Basics of qualitative research: Grounded theory procedures and techniques*. Newbury Park, CA: Sage Publications.

Zahariadis, N. (2007). The multiple streams framework: Structure, limitations, prospects. In P. A. Sabatier (Eds.), *Theories of the policy process* (pp. 65–92). Boulder, CO: Westview Press.

<부록>

지방체육정책관련 인식 설문조사

본 설문은 '지방체육정책과 관련된 설문조사' 입니다. 본 조사는 체육관련 공공기관 및 종사자, 직원, 지도자, 선수, 심판, 동호인 등을 대상으로 지역 주민의 체육활동와 통합체육으로 인한 정책에 관련된 문항들로 구성되어 있으며, 설문내용을 토대로 연구의 목적으로만 사용할 것이며, 본 조사 결과는 통합체육에 대한 지역 주민의 인식을 알아보기 위한 것이며, 체육정책 수립을 위한 기초자료로 활용할 예정입니다.

귀하께서 응답해 주신 내용은 통계적으로만 사용되며 개인 신상에 대한 사항은 법에 의해 보호됨을 약속드립니다(통계법 33조 및 개인정보보호법). 또한, 본 설문에 맞고 틀리는 정답은 없으며, 귀하의 평소 생활 및 생각하시는 바를 솔직히 말씀해 주시면 됩니다. 바쁘시더라도 본 설문에 협조하여 주시면 대단히 감사하겠습니다.

감사합니다.

2020년 10월
계명대학교 대학원
연구자: OOO
OOOOOOOO@naver.com

◆ 기본정보

1. 거주 지역

① ‘ㅈ’구	② ‘ㄷ’구	③ ‘ㅅ’구	④ ‘ㄴ’구
⑤ ‘ㅂ’구	⑥ ‘ㅅㅅ’구	⑦ ‘ㄷㅅ’구	⑧ ‘ㄷㅅ’군

2. 성별

① 남자	② 여자

3. 연령

① 20대	② 30대	③ 40대	④ 50대	⑤ 60대 이상

4. 직업

① 지도자	② 선수	③ 동호인	④ 시·군·구 직원
⑤ 체육회 직원	⑥ 종목단체 관계자	⑦ 이해관계자	⑧ 기타

Ⅰ. 체육단체통합과 체육정책

1. 귀하께서는 중앙정부와 지자체의 체육정책에 대해서 어떻게 생각하십니까?
① 국가 중심의 체육 정책이 필요하다. ② 지방체육 중심의 정책이 필요하다. ③ 체육의 발전과 정치는 무관하다. ④ 잘 모르겠다.

2. 귀하께서는 스포츠로서 지자체의 체육정책에 대해서 어떻게 생각하십니까?
① 전혀 못하고 있다. ② 못하고 있다. ③ 보통이다. ④ 잘하고 있다. ⑤ 매우 잘하고 있다.

3. 귀하께서는 생활체육과 엘리트체육이 통합한 것에 대해 어떻게 생각하십니까?
① 통합한 것은 잘한 일이다. ☞ 4번으로 가세요 ② 기존대로 분리되는 것이 좋다. ☞ 6번으로 가세요 ③ 모르겠다.

4. 귀하께서는 통합체육회로 인해 기대되는 발전 방향은 무엇이라고 생각하십니까?
① 생활체육이 더욱 확산될 것이다. ② 엘리트체육의 기반을 더욱 확보할 수 있을 것이다. ③ 국민체육을 위한 진흥을 더욱 잘 실현할 것이다. ④ 기타(____________________)

5. 귀하께서는 통합체육으로 인한 경제적 효과는 무엇이라고 생각하십니까?
① 체육분야에 이중적 구조인 예산을 절감할 수 있다. ② 통합체육으로 인한 체육의 배정되는 예산을 더욱 확대할 수 있을 것이다. ③ 예산 증감 및 절감 효과에 대해서 잘 모르겠다. ④ 기타(____________________)

6. 귀하께서는 통합체육의 역할과 기능에 대해 어떻게 생각하십니까?
① 통합체육회의 역할과 기능이 기존보다 더욱 견고해졌다. ② 국민생활체육회가 대한체육회로 흡수되면서 생활체육의 역할과 기능이 위축되고 있다. ③ 국민생활체육회가 대한체육회로 흡수되면서 엘리트체육의 역할과 기능이 위축되고 있다. ④ 잘 모르겠다. ⑤ 기타(____________________)

7. 귀하께서는 통합체육회의 유형에 대해 어떻게 생각하십니까?
① 자자체 산하의 독립된 기구로 존치되어야 한다. ② 정부 및 지자체에 의한 법정법인이 되어야 한다. ③ 재단법인으로 설립하여 재정자립화(국비사업 유치 및 체육시설관리)를 추구해야 한다. ④ 잘 모르겠다. ⑤ 기타(______________________________)

8. 귀하께서는 통합체육회로 인한 행정업무의 효율성에 대해 어떻게 생각하십니까?
① 동호인 등록 시스템 등 행정업무가 편리해졌다. ② 엘리트와 생활체육에 대한 민원을 한 기관에서 소통할 수 있어 편하다. ③ 통합체육회이지만 행정업무는 별로 바뀐 것이 없다. ④ 통합체육회로 인해 행정업무의 처리가 더 복잡하고 혼선이 많다. ⑤ 기타(______________________________)

9. 귀하께서는 국민체육진흥법 개정(정치적 분리)에 대해 어떻게 생각하십니까?
① 체육단체와 정치는 분리되어야 한다. ② 현재 우리나라 체육단체는 정치와 분리되어 있다. ③ 지자체나 기초단체의 장이 체육단체의 회장을 맡아 체육복지를 실현해야 한다. ④ 잘 모르겠다. ⑤ 기타(______________________________)

10. 귀하께서는 엘리트체육 대해 어떻게 생각하십니까?
① 엘리트체육은 생활체육과 별개로 육성되고 지원되어야 한다. ② 엘리트체육이 생활체육의 성장과 확산에 밑거름이 되고 있다. ③ 엘리트체육이 잘 성장할 수 있는 토대를 만들어야 한다. ④ 학교체육과 생활체육을 더 활성화시켜 엘리트체육이 존재해야 한다. ⑤ 많은 예산을 쓰고 있는 엘리트체육은 폐지되어야 한다.

11. 귀하께서는 중앙정부와 지방체육단체의 소통에 대해 어떻게 생각하십니까?
① 중앙정부의 체육 정책에 지역에도 잘 반영되고 있다. ② 중앙정부와 별개로 지방체육단체 만의 정책을 시행해야 한다. ③ 지방체육단체의 요구 사항들이 중앙정부에 잘 반영되고 있다. ④ 잘 모르겠다. ⑤ 기타(______________________________)

12. 귀하께서는 지방체육단체의 재정자립화에 대해 어떻게 생각하십니까?
① 기존대로 국비 및 지방비로 100% 지원해줘야 한다. ② 정부 상황에 따라 유동적인 지방체육단체의 재원을 법적으로 더욱 안정화시켜야 한다. ③ 지역체육회가 재정자립화를 위해 다양한 사업들을 할 수 있도록 허용해야 한다. ④ 지역체육 활성화를 위해 정부 및 지자체 지원을 보장하고 자체사업을 할 수 있도록 해야 한다. ⑤ 기타(______________________________)

13. 귀하께서는 지역체육의 바람직한 체육정책 실현을 위한 조직의 형태에 대해 어떻게 생각하십니까?
① 기존대로 지방체육회가 생활체육과 엘리트체육을 통합하여 운영한다. ② 지방체육회는 엘리트체육을 중심으로 구·군체육회는 생활체육을 중심으로 운영해야 한다. ③ 지방체육회의 조직을 확대(예, 시설부서 마케팅부서 등)하여 역량을 더 키워야 한다. ④ 시체육회와 구·군체육회가 독립적인 자생력을 키울 수 있도록 지원과 제도를 개편해야 한다. ⑤ 지자체의 체육시설관리사무소, 지방체육단체, 지역시설공단의 통합 또는 업무공유(파견 등)를 혁신적인 개편이 이루어져야 한다.

Ⅱ. 체육단체통합의 효과

1. 귀하께서는 체육회 통합을 통해 엘리트체육의 기반을 확보할 수 있다고 생각하십니까?

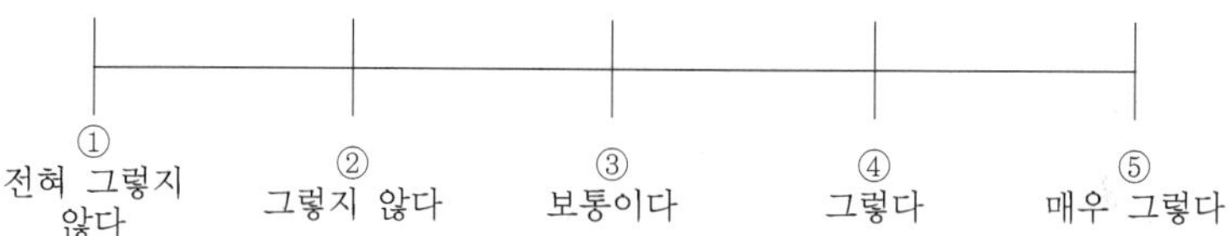

2. 귀하께서는 체육회 통합에 의해 생활체육이 더욱 활성화될 수 있다고 생각하십니까?

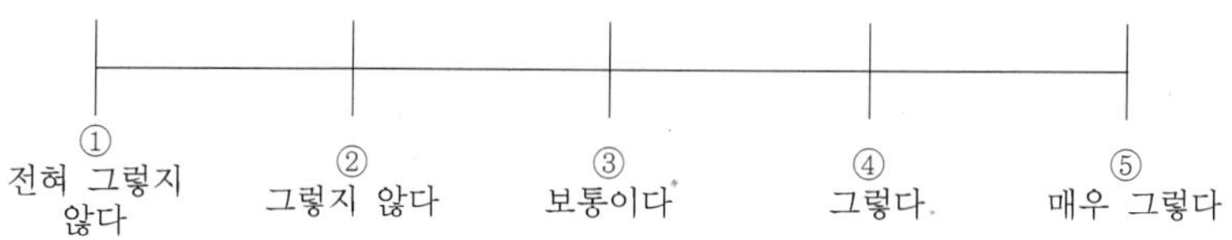

3. 귀하께서는 체육회 통합으로 국가올림픽위원회(NOC)의 역할과 위상이 기능적으로 잘 유지된다고 생각하십니까?

4. 귀하께서는 국민체육진흥법을 통한 체육복지를 증진하려는 정책이 잘 반영되고 실행된다고 생각하십니까?

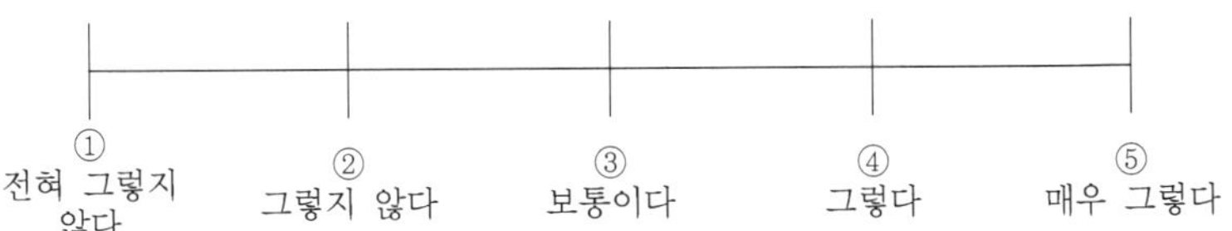

5. 귀하께서는 지방체육회와 지역생활체육협의회가 통합하면서 기능과 역할이 더욱 증진되었다고 생각하십니까?

6. 귀하께서는 지방체육회와 지역생활체육협의회가 통합하면서 생활체육이 더 위축되었다고 생각하십니까?

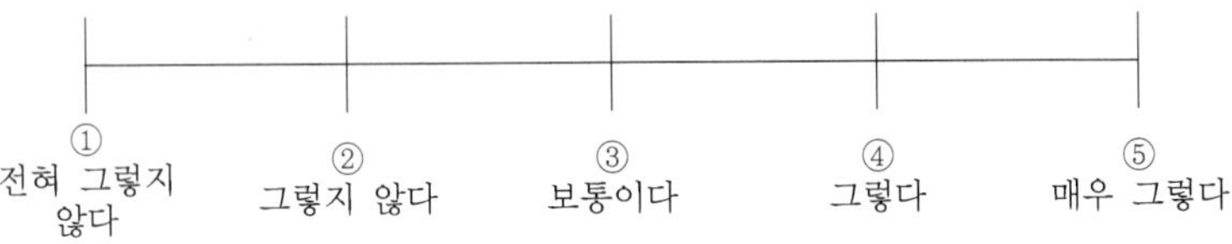

7. 귀하께서는 지방체육회와 지역생활체육협의회가 통합하면서 엘리트체육이 더 위축되었다고 생각하십니까?

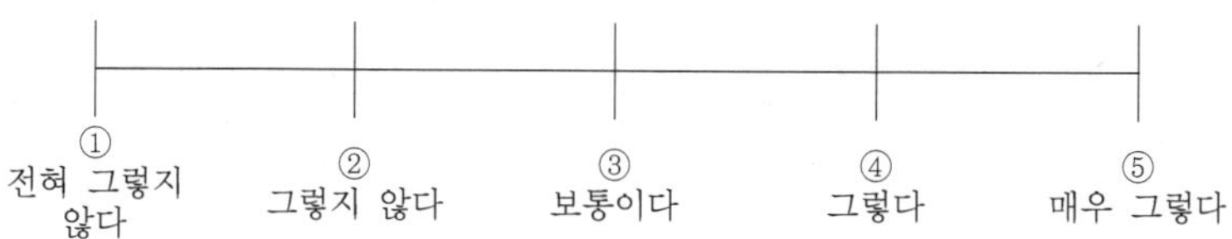

8. 귀하께서는 지방체육단체 법인화로 인해 엘리트체육과 생활체육에 배정된 예산이 더 축소될 수 있다고 생각하십니까?

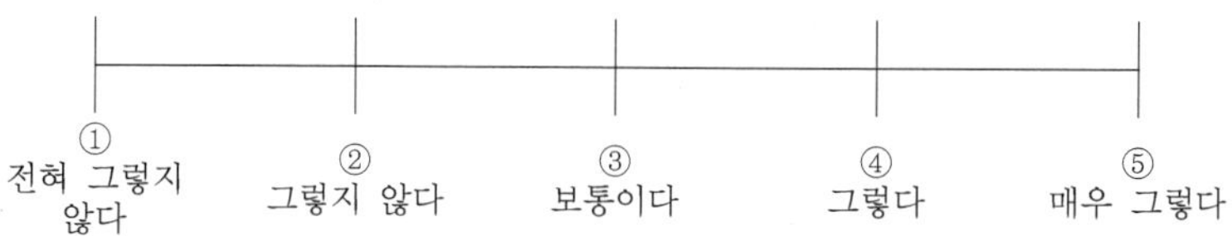

9. 귀하께서는 민선체육단체가 지방체육단체 법인화를 통해 조직이 더 확대될 수 있다고 생각하십니까?

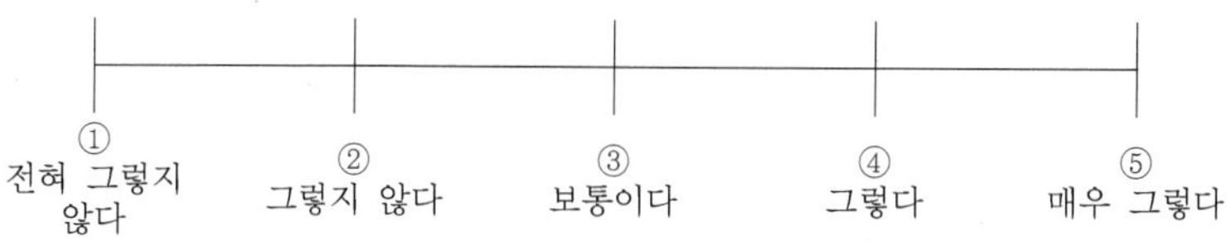

10. 귀하께서는 지방체육단체가 체육의 변화(통합과 민선체육단체)에 선도적으로 잘 대응하고 있다고 생각하십니까?

설문에 응해주셔서 감사합니다.

Variation Factors in Local Sport Policy in Accordance with the Integrated Sport Policy in Korea

(Abstract)

The purpose of this study is to confirm the process of policy changes on the integration of sport organizations and legalization of civilian sport organizations and local sport organizations using Kingdon's Multiple Streams Model. Specifically, the government made the integration of sport organizations a policy agenda, and in the process, it attempted to investigate political interests, the window of major policies, and how local sport organizations responded as policy leaders. To this end, the Kingdon's model was applied to establish the effect of policy changes of integration of sport organizations, civilization of sport organizations and legal legalization on policy decisions of local sport organizations as research questions. In order to solve these problems, the factors of policy changes were investigated through a literature review, and the subject of the study was derived focusing on major events, and a focus group interview(FGI) was conducted as a qualitative research method. In addition, this study aimed to investigate the perception and effectiveness of policy changes in policy enforcement and political beneficiaries(club members) belonging to local sport organizations. The results of analyzing the factors of changes in local sport policy through this mixed study are as follows. First,

Agendas such as the prohibition of the head of local governments from concurrently holding the sports chairmanship were in the context of the KOC separation issue and the IOC's "Political Separation of Sport". These made public opinion form that sport and politics should be separated, leading to the process of in－tegration by a series of events. Second, in this process, the legal incorporation and the National Sports Promotion Act were revised by the members of the National Assembly who lead the policy, resulting in the integration of sport organizations and the process of legal incorporation following the popular sport organizations. Third, although the forms of 'Sport for All' and 'Elite Sport' are integrated, the response of the local people is not so positive in terms of how to implement policies. In other words, it is believed that the unified sport policy and the form of unstable organ－izations caused by public－government sport organizations have been reflected in the perception survey. Fourth, there were no statistically significant differences in the positive effects of the in－tegration of sports organizations, the negative effects of integration, the securing of budget by legalization, the establishment of the organizations by private sport organizations, and policy responses by local sport organizations. However, it was found that the rec－ognition of most policy changes was positive in the integrated sport policy, the legalization policy, the popular sports policy, and the policy response. Integrating these results, the legislative actions and consensus related to the integrated sport organization were made through the national atmosphere and social implications, which worked positively. The government must play a role as a policy mediator in the conflict between the two organizations, the Korea Sports Committee and the National Sports Association to make the policy agenda due to political interests possible. In the process of setting the agenda for integrated sports, the president of public sports, and legal incorporation, the Ministry of Culture, Sports, and Tourism should push forward in a two-way manner based on the consent of the heads of local governments and municipal and provincial sport associations to ease internal conflicts and lead to policy decisions. The establishment of the Civilian Sports Association through the Integrated Sport Association and the provision of stable financial resources through legal incorporation should be promoted as policies for the long-term balanced development along the National Sports Council, the policy leader, with the central government and the Korean Sport Committee.

한국의 통합체육정책에 따른 지방체육정책의 변동요인

(초록)

본 연구는 체육단체의 통합과 민선체육단체, 지방체육단체 법정법인화에 대한 정책변동 과정을 Kingdon의 다중흐름모형을 활용하여 연구하였다. 구체적으로는 정부가 체육단체의 통합을 정책의제화하고, 그 과정에서 정치적 이해관계, 주요 정책의 창과 정책주도자로서 지방체육단체가 어떻게 대응하고 있는가를 규명하고자 하였다. 이를 위해 Kingdon 모형을 적용하여 '체육단체 통합, 민선체육단체 및 법정법인화'의 정책변동이 지방체육단체의 정책결정에 미치는 영향을 연구문제로 설정하였다. 이를 해결하기 위해 문헌조사를 통하여 정책변동의 요소들을 조사하였으며, 주요 사건들을 중심으로 연구의 주제를 도출하여 질적연구방법인 표적집단면접(FGI)를 실시하였다. 또한 본 연구에서는 정책변동이 지방체육단체에 소속된 정책의 집행자와 정책의 수혜자(동호인)들에게 인식조사와 효과성을 알아보고자 설문조사를 병행하였다. 이러한 혼합연구를 통해 지방체육정책의 변동요인에 대해 분석한 결과는 다음과 같다. 첫째, 지방자치단체장의 체육회장 겸직금지와 같은 의제들은 KOC 분리문제와 IOC의 '스포츠의 정치적 분리'라는 맥락과 함께하며 체육과 정치는 당연히 분리되어야 한다는 국민적 여론이 형성되고, 체육단체에서 불거진 일련의 사건들에 의해 통합의 과정으로 이어졌다. 둘째, 이런 과정 속에서 정책을 주도하는 국회의원들에 의해 입법과 국민체육진흥법의 개정이 이루어졌고 체육단체의 통합과 민선체육단체에 이은 법정법인화의 과정으로 귀결되었다.

셋째, 생활체육과 엘리트체육은 형태는 통합되어 있지만 정책을 실현하는 방법적인 면에서는 지역민들의 반응이 그렇게 긍정적인 반응을 얻지 못하고 있다. 즉, 아직까지 통합체육 정책과 민선체육단체로 인한 불안정한 조직의 형태가 인식조사에 반영된 것으로 판단된다. 넷째, 체육단체 통합의 긍정적 효과, 통합의 부정적 효과, 법정법인화에 의한 예산확보, 민선체육단체의 조직 확립, 지방체육단체의 정책대응이라는 것에는 통계적으로 유의한 차이를 발견하지 못하였다. 그러나 통합체육 정책, 법정법인화 정책, 민선체육 정책, 정책대응에서 대부분의 정책변동에 대한 인식이 긍정적인 것으로 나타났다. 이를 통합하여 볼 때, 통합체육단체와 관련된 입법행위와 합의점 도출은 전 국가적인 분위기와 사회적 합의 등을 통해서 이루어진 것이 긍정적으로 작용한 것이다. 정부가 대한체육회와 국민생활체육회 두 단체 간 갈등 속에서 정책중재자로서 역할을 하여야 정치적 이해관계로 인한 정책 의제화가 가능하다는 것이다. 통합체육과 민선체육회장, 법정법인화에 대한 의제설정과정에서 정부가 일방적으로 주도하지 않고 지방자치단체장 및 시·도체육회 사무처장 등의 동의를 바탕으로 쌍방향적으로 추진하여야 내적 갈등을 완화하고 정책결정으로 이어질 수 있다. 통합체육회를 통한 민선체육회의 정립과 법정법인화에 따른 안정적인 재원 마련은 정책주도자인 민선체육회장이 중앙정부 및 대한체육회와 함께 장기적인 균형발전을 위해서 정책으로 추진되어야 한다.

신재득
학사: 영남대학교 체육대학 체육학과
석사: 영남대학교 스포츠과학대학원 스포츠산업전공
박사: 계명대학교 대학원 체육학박사 체육정책 전공
현 전국17개 시·도 사무처장협의회 회장
현 대한체육회 안전위원회 부위원장
현 대구광역시 체육진흥협의회 부위원장

박영호
학사: 계명대학교 체육대학 체육학과
석사: 경북대학교 대학원 체육학석사 스포츠사회학 전공
박사: 경북대학교 대학원 이학박사 체육사 전공
현 대한근대5종연맹 공정위원
현 대학수영연맹 부회장
현 대구광역시 체육회 자문위원

신홍범
학사: 명지대학교 사회체육학과
석사: Illinois State University, U.S.A., Sport Marketing 전공
박사: University of New Mexico, U.S.A., Sport Administration 전공
전 Western Illinois University, U.S.A., 교수
전 DeSales University, U.S.A., 교수
현 한국스포츠산업경영학회 이사
현 한국골프학회 이사
현 계명대학교 체육대학 사회체육학전공 교수

한국의 통합체육정책에 따른 지방체육정책의 변동요인

초판발행 2021년 6월 30일

지은이 신재득·박영호·신홍범
펴낸이 안종만·안상준

편 집 배근하
기획/마케팅 장규식
표지디자인 BEN STORY
제 작 고철민·조영환

펴낸곳 (주) 박영사
서울특별시 금천구 가산디지털2로 53, 210호(가산동, 한라시그마밸리)
등록 1959. 3. 11. 제300-1959-1호(倫)
전 화 02)733-6771
f a x 02)736-4818
e-mail pys@pybook.co.kr
homepage www.pybook.co.kr
ISBN 979-11-303-1360-3 93690

정 가 14,000원